SECRET PLACES MALLORCA

Traumhafte Orte
abseits des Trubels

SECRET PLACES MALLORCA

Traumhafte Orte abseits des Trubels

Lothar Schmidt
Wolfgang Heitzmann
Peter V. Neumann

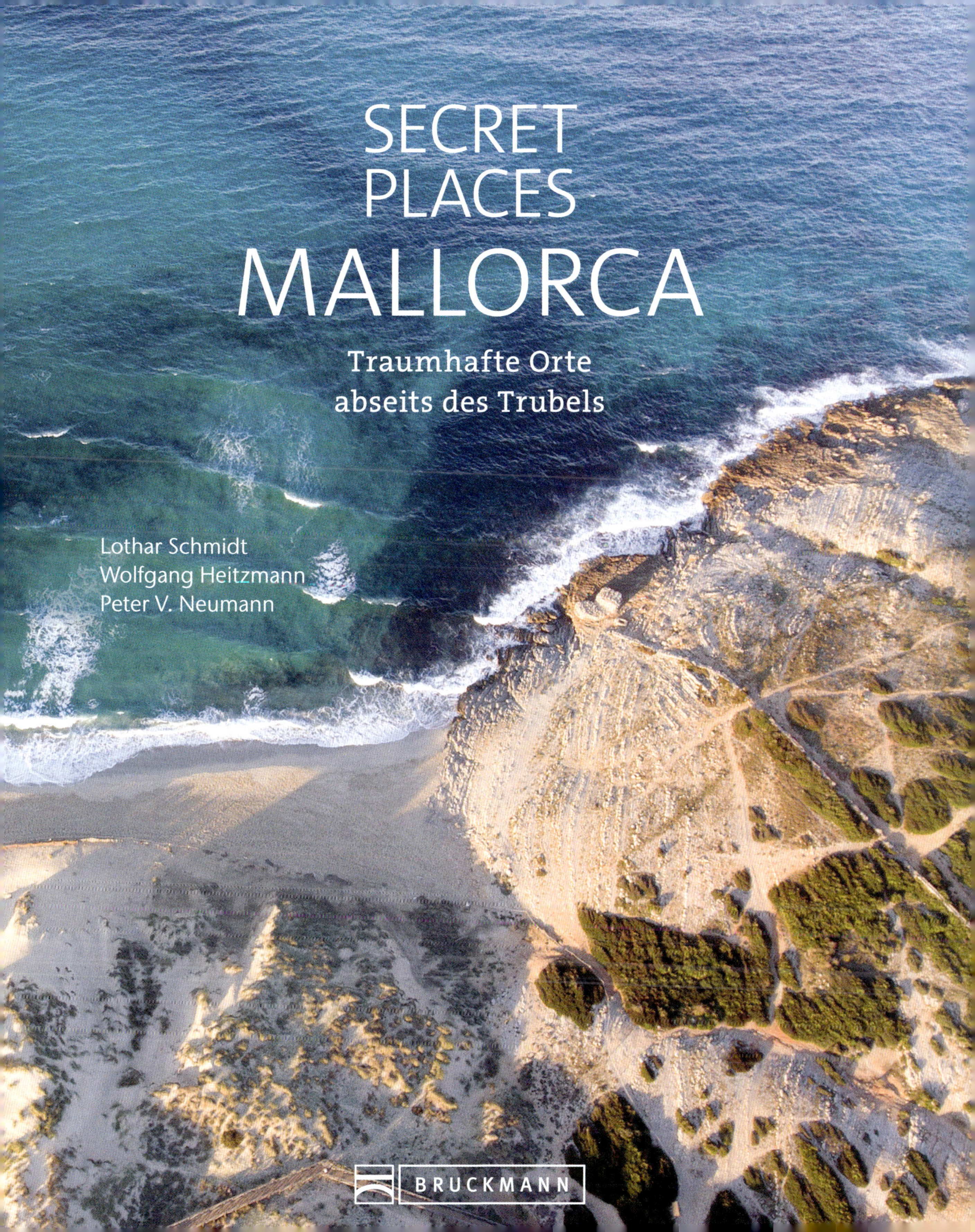

BRUCKMANN

INHALTSVERZEICHNIS

In der Altstadt von Pollenca; eine klassische Paella mit Meeresfrüchten; Wanderparadies: die Serra Tramuntana; aus Mallorca kommen einige sehr gute Weine; auch zu Pferd lässt sich die Insel erkunden. (unten v.l.n.r.)

Die Playa de Formenter ist perfekt für ein morgendliches Bad.

MITTELMEER
Punta Beca
Torrent de Mortitx 25
Port de Sa Calobra 23
Torrent de Pareis
Morro d'es Forrat
Puig Tom 1102
Lluc
Puig de Massanella 1348
Es Guix
Port de Sóller
Muleta
Penyal des Migdia 22
Puig Major 1445
21 Cúber
Punta de Sóller 18
20
Fornalutx
Campan
Sóller
24 Tossals Verds
Punta de sa Foradada 16
17
Son Marroig
Deià
Coll de Sóller
Selva
15 Miramar
19
Castell d'Alaró
47
Son Bergues
Salt des Freu
46
Tramuntana
Ermita de la Trinitat 14
13
Valldemossa
Alfàbia
Inca
12
Der Reitweg des Erzherzogs
Bunyola
Alaró
Banyalbufar
11
Binissalem
48
Raixa 45
Sa Granja
Consell
Sierra de
Roter Blitz
Estellencs
Palmanyola
Sencelles
Punta de sa Foradada
Puig de Galatzó 1026
Fondal de ses Basses
Sa Mola de s'Esclop 9
Ma-13
Santa Eugènia
Establiments
Finca Galatzó 10
sa Cabaneta
Illa da sa Dragonera 8
Sant Elm
PALMA DE MALLORCA
Ma-20
Capdellà
3
Son Ferriol
Parc National de sa Dragonera
Andratx
1 2
Ma-15
Calvià
Cala Major
Algaida
4 Porto Pi
Sant Jordi
Port d'Andratx
Ciudad Jardín
La Porciuncula
Puig de
Peguera
Portals Nous
5
Randa
56
Ma-1
Santa Ponça
Badia de Palma
Las Maravillas
7
Ille Malgrats
S'Arenal
Badia de Palma
Llucmaj
El Toro
Cala Blava
Ma-19
Cala Figuera
Cap Enderrocat
Ille del Toro
6 Portals Vells
Cap de Cala Figuera
Badia Gran
es Pedregar
Cap de Regana
Cala Pi
Cap Blanc
44
Vallgornera
Platja des
I. de Co
Isla de Cabre
43
Parc Nacional de l'Arxipèlag de Cabrera
N
0
30 km

Cap de Formentor
I. Colomer
Galera
Cala Bóquer
28
Cala Vinenç
27
29
Formentor
Pollença
Badia de Pollença
Cap desz Pinar
ses Caletes
Alcúdia
31
Cap de Menorca
30 Sa Bassa Blanca
Son Fe
Port d´Alcúdia
Ma-13
Las Gaviotas ses Fotges
Badia d'Alcúdia
Parc Natural de S'Albufera
32
Ca'n Picafort
Cap de Ferrutx
Son Bauló
Sa Font Celada
Parc Natural de la Península de Llevant
36
Sa Pobla
33 Negropoli Son Real
Punta Llarga
Ermita de Betlem
34
35
Cala Mesquida
Muro
50
Punta de Capdepera
Artà
37
38
Cala Ratjada
Capdepera
Santa Margalida
Son Doblons
Llubí
Canyamel
Defla
Ariany
Son Mesquida Vell
Cap Vermell
Petra
52
Son Servera
Badia d'Artà
Sant Joan
Cala Millor
Punta de n'Amer
Ma-15
Manacor
Vilafranca de Bonany
Portocristo (Port de Manacor)
es Rafalet
So na Moixa
Porto Cristo Novo
Porreres
39 Cala Varques
Calas de Mallorca
55
s'Hospitalet Vell
Felanitx
Puig de Sant Salvador
510
Cala Domingos
Firella
Campos
Portocolom
Cas Concos
Calonge
Cala sa Nau
Cala Ferrera
Santanyí
Parc Natural de Mondragó
Portopetro
Cala Mondragó
Salines
es Llombards
41
Cala Figuera
40 Cala s'Almunia
Punta Llarga
42
Cap de ses Salines
na Gosta
M I T T E L M E E R

UNERWARTETE ENTDECKUNGEN

WO MALLORCA NOCH ECHT IST

Mallorca? Kennt doch jeder! Aber das ist nicht so.. Denn auf wenig bekannten Wegen lässt sich auf der Insel noch immer viel Unverfälschtes entdecken. Bei Wanderungen zu einsamen Stränden im Naturpark Llevant, beim Übernachten auf der geheimnisvollen Ziegeninsel oder beim Besuch einer frühzeitlichen Siedlung, wo man über den Lauf der Zeit nachdenken kann – selbst wenn sie zwischen Golfplatz und Villensiedlung liegt. Es gibt viele Möglichkeiten, den natürlichen Zauber Mallorcas wiederzuentdecken.

Auf Instagram posten viele Reisende Fotos von Orten und Landschaften, die in uns die Sehnsucht wecken, sofort dorthin zu fahren. Wir möchten auch vor diesem südlichen Bergpanorama stehen, zu dessen Füßen ein türkisblauer See liegt. Wir möchten auf dem Strand der einsamen Bucht sitzen und nichts hören als das leise Rauschen der Wellen. Wir möchten den Weg in das alte Dorf mit den Häusern aus Naturstein gehen, den wir auf dem Bild sehen. Und wenn möglich soll das alte Kloster dort noch von einigen Mönchen oder Nonnen bewohnt und kein Luxushotel sein. Die Dorfkneipe ist auch bitte kein exquisites Tapaslokal im trendigen Bistrostil, sondern ein Treffpunkt für die Dorfbewohner und wenigen Touristen, die hierherkommen. Und um das Bild perfekt zu machen: Das Souvenirangebot beschränkt sich auf einen Postkartenständer, der vor dem Tabak- und Zeitschriftenkiosk steht und quietscht, sobald man ihn dreht.

Große Sehnsucht

Der Wunsch, versteckte Orte zu entdecken, ist auch in Zeiten von Allinclusive-Urlauben und Motto-Kreuzfahrten ungebrochen. Ja, vielleicht ist die Sehnsucht nach einem kleinen Stück Wildnis, nach einem authentischen Ort und echten Moment noch stärker geworden, seit wir dank Google Maps nie-

manden mehr nach dem Weg fragen müssen und selbst die kleine Strandbar, die man für sich entdeckt hat, auf Tripadvisor schon längst als *place to be* gefeiert wird.

»Secret Places«, wo man sie nicht erwartet

An dieser Stelle fragt man sich vielleicht: Gibt es auf Mallorca überhaupt noch Überraschungen zu erleben? Schließlich ist es sozusagen der Vollprofi unter den Reisedestinationen. Ob Feinschmecker, Golfer, Radsportler oder Motorradfahrer, Pilger oder Hobby-Ornithologe – jeder findet hier, was er sucht. Auf einer Insel, die von rund 960 000 Menschen bewohnt, aber pro Jahr von fast 14 Millionen Urlaubern besucht wird, wie lässt sich da noch etwas entdecken? Die Autoren dieses Bildbandes sind überzeugt, dass es sie noch gibt, diese »Secret Places«. Man findet sie an den Küsten ebenso wie in Palma und im Inselinneren.

Manchmal sind sie dort, wo man sie am wenigsten erwartet hätte: wenige hundert Meter vom sogenannten »Ballermann« entfernt in einer Kirche aus Glas und Beton. Oder auf einem Hügel in einer ausufernden Siedlung von Residenten. Man findet sie auf Nebenwegen in der Serra de Tramuntana und sogar an den am meisten besuchten Plätzen der Insel – vorausgesetzt, man kommt zur richtigen Tages- oder Jahreszeit. Ein Spaziergang durch die Altstadt von Palma, bevor die Massen anrücken, stille Museen und Fincas, die zu echten Highlights werden, wenn man sich auf sie einlässt, die ungewöhnliche Stimmung eines Touristen-Hotspots im Winter: Mallorca ist voller geheimer und geheimnisvoller Orte, sobald man sich ein wenig gegen den Strom bewegt.

Wenn dieses Buch dabei hilft, solche Plätze zu entdecken und die Insel jenseits der Klischees neu zu erkunden, würde uns Autoren das sehr freuen. Was jedoch nicht das Ziel dieses Buches ist, einen Run auf die letzten Refugien der Insel zu befeuern, wie dies zuletzt an der Caló des Moro zu erleben war. Genießen Sie wundervolle »Secret Places«! Aber vielleicht zeigen Sie Ihren neuen Lieblingsplatz besser nur Ihren engen Freunden und teilen ihn über Social Media nicht mit der ganzen Welt.

RUND UM MALLORCAS HÖCHSTEN GIPFEL, DEN PUIG MAJOR, IST DIE SERRA DE TRAMUNTANA WILD UND ABENTEUERLICH.

PALMA UND DER WESTEN

Küste, Kunst und coole Locations

TOR ZUR INSEL – DIE BUCHT VON PALMA.

PALMA – VOR DEM FRÜHSTÜCK

AM MORGEN DURCH DIE ALTSTADT

Ein Spaziergang durch die ältesten Stadtteile der Hauptstadt in der ersten Morgensonne. Kirchen- und Museumsbesuche kommen darin ebenso wenig vor wie Einkaufs- oder Ausgehtipps. Eigentlich geht es nur darum, dass es manchmal besser ist, früh aufzustehen.

Es ist kurz vor acht am Morgen, die Sonne bricht sich durch das Grün des S'Hort del Rei und legt sich auf die Schultern eines Parkpflegers. Der kleine Park unterhalb des mittelalterlichen Königspalasts Almudaina wirkt wie verzaubert. Ist es das Morgenlicht, das gleichmäßige Geräusch, mit dem der Mann den Reisigbesen über einen der Wege zieht, oder das leise Plätschern der Wasserspiele? Dieser Königsgarten hat etwas Verträumtes, aus der Zeit gefallenes und erinnert an die Gärten des Generalife in der Alhambra von Granada. Eigentlich passt er nicht so richtig in das neue Palma, das sich am urbanen Lifestyle internationaler Metropolen orientiert, aber gerade das macht ihn so liebenswert. Es ist ein Glück, durch eine schöne Stadt zu spazieren und so viel Zeit zum Schauen zu haben, wie man will. Sich nicht gedrängt zu fühlen von den Stationen und Fahrzeiten der beliebten Hop-on-Hop-off-Busse, nicht vom Strom der Touristen, der Stadtbewohner, der Autos, Radfahrer oder was auch immer. Auf all das braucht man keine Rücksicht zu nehmen, wenn man am frühen Morgen durch Palma spaziert und erlebt, wie die Hauptstadt der Balearen langsam erwacht.

Links La Seu, rechts das Meer

Im Spanischen gibt es die Redewendung: *Al quien madruga Dios lo ayuda*. Übersetzt heißt das: »Wer früh aufsteht, dem hilft Gott.« Man könnte es auch freier mit einem deutschen Sprichwort versuchen: »Morgenstund' hat Gold im Mund.« Klingt nach alten Zeiten – für dieses besondere Morgengefühl passt es aber.

Am unteren Ende des Parks kommt man über einige Stufen hinauf zur Esplanade vor der Kathedrale. Noch ein, zwei Stunden, dann ist hier die Hölle los. Doch jetzt kann man sich einfach in die Zeiten fallen lassen: Der große Torbogen, den man von der Treppe aus vor dem Königspalast sieht, ist eines der wenigen Überbleibsel aus der Epoche der arabischen Herrschaft. Durch den Bogen fuhren vor rund 1000 Jahren Schiffe in den ummauerten Hafen der Almudaina. Sie war die Festungsanlage des Herrschers innerhalb der Medina Mayurca. So nannten die Araber die Stadt, als sie von 903 bis 1229 hier das Sagen hatten.
Es ist noch zu früh für Besichtigungen, selbst die Kathedrale öffnet für Besucher erst um 10 Uhr. Auch gut, dann fühlt man sich nicht zu irgendeinem Kulturprogramm gedrängt, sondern kann sich weiter von der Morgensonne auf der alten Stadtmauer Dalt Murada anstrahlen lassen. Links diese großartige Kirche und rechts der Blick über die Bucht von Palma und das Meer – ein magischer Moment.

Die Stadt erwacht

Das finden auch andere. Vor der Kathedrale füllt sich langsam der Passeig Dalt Murada. Im Carrer de Sant Palau und in den Sträßchen im Rücken von La Seu (»Seu« steht für Bischofssitz) ist es zwar noch ruhig, in den Gassen der Viertel La Seu und Monti-Sion aber, den ältesten Teilen der 450 000-Einwohnerstadt, quetschen sich kleine Lastwagen, um Lokale zu beliefern oder die Baustelle eines ehrwürdigen Stadtpalasts mit Material zu versorgen. Zwei Frauen schieben ein grünes, verschlissenes Sofa zu einer Ecke, wo ein Lastwagen zur Entsorgung wartet. Nachbarn und Passanten bleiben stehen, kommentieren das willkommene Morgen-Happening.
Man spaziert an den dunklen Toröffnungen riesiger Stadtpaläste vorbei, die einen Einblick in kühle Patios erlauben, und vorüber an den letzten Überbleibseln der muslimischen Jahrhunderte: den arabischen Bädern, die aber ebenso wie das Museu de Mallorca zu dieser Uhrzeit noch geschlossen haben.

OB AN DER STRANDPROMENADE (LINKS) ODER IM GARTEN DES BISCHOFS (RECHTS), DER VERSTECKT IM ÄLTESTEN TEIL PALMAS LIEGT: AM MORGEN WIRKT DIE INSEL-METROPOLE WIE VERZAUBERT.

Auch tagsüber ein »Secret Place«

Sich einfach weiter treiben lassen, weiter in Richtung des Calatrava-Viertels mit seinen schönen Plätzen Llorenç Villalonga und Sant Jeroni. Hier ist es auch tagsüber noch relativ ruhig, dies sind gewissermaßen die »Secret Places« der Altstadt. Dass aber auch hier die Zeit nicht stehen bleibt, sieht man am eigenartigen Gebäude am oberen Ende des Carrer del Temple. Das weiße, massiv wirkende Wohnhaus mit der Tordurchfahrt war ursprünglich mal eine Templerburg. Jetzt werden die Torres mit Geldern aus der Tourismussteuer saniert.

IMMER WIEDER SCHIEBT SICH DIE KATHEDRALE IN DAS MORGENLICHT (LINKS). DIE MALERISCHEN ALTSTADTGASSEN ERLEBT MAN ZUR FRÜHEN STUNDE OHNE BESUCHERMASSEN (RECHTS).

Modern wie vor einhundert Jahren

Die Straße des Ramon Llull führt am Archiv der Könige von Mallorca vorbei zu einem kleinen Platz, der von der Basilika Sant Francesc beherrscht wird. Die Kirche, in der der Philosoph und Mystiker Ramon Llull beigesetzt ist, hat einen wunderschönen Kreuzgang und verdient ein eigenes Kapitel (siehe S. 16).
Mittlerweile ist Palma erwacht, die wenigen Geschäfte im ältesten Teil der Altstadt haben geöffnet. Aus den neuen Luxushotels, die in die alten Paläste eingezogen sind, kommen Gäste, bereit zur Shopping- oder Sightseeing-Tour. Der Zauber des Morgens geht langsam dahin, nur hier und da hält sich noch etwas von diesem besonderen Gefühl. So zum Beispiel in der Buchhandlung Literanta im Carrer del Call. Innen läuft klassische Musik. Im hauseigenen Café sind drei Tische besetzt. Dort sitzen zwei Männer und eine Frau und halten das geschriebene Wort in Ehren. Sie lesen, einfach nur, weil es schön ist zu lesen – zumindest sieht es so aus. Das Kontrastprogramm wartet auf der Plaça Santa Eulàlia und erst recht ein Stück weiter oben, beim Rathaus, wo mittlerweile ein kompakter Strom von Urlaubern vorbeifließt. Bevor man selbst wieder ein Teil der Massen wird – wie wäre es mit einem mallorquinischen Frühstück mit Milchkaffee und Ensaimada, zum Beispiel im Café Moderno an der Plaça Santa Eulàlia? Modern heißt hier: modern wie vor hundert Jahren. Das Café gibt es schon seit 1914, und die Gegenwart ist auch hier ein wenig entrückt.

ZEITREISE IM MUSEU DIOCESÀ

Das Diözesanmuseum ist ein versteckter Schatz. Das fängt schon mit der Lage an: Im Rücken der Kathedrale La Seu steht der alte Bischofspalast direkt an der großen Esplanade. Im Inneren öffnen sich neben alten Gemälden und Objekten Ausblicke auf das Meer, das seit ewigen Zeiten unverändert aussieht. Hier ist es, als machte man eine Zeitreise und wäre selbst – ebenso wie das Meer da draußen – in jener Zeit, in der auch das Kunstwerk entstand, das man gerade anschaut. Zum Beispiel im 15. Jahrhundert, als Pere Nissart ein Tafelbild des heiligen Georg malte, vor dem Hintergrund der mittelalterlichen Stadt Palma. Das Museum zeigt auch die Arbeit von Antoni Gaudí an der Kathedrale. Es ist ein Originalmodell von La Seu zu sehen, das Gaudí genutzt hat und das veranschaulicht, wie der Architekt bei der Gestaltung vorgegangen ist. Ein zweiter Themenbereich des schönen Museums stellt die Reisen und das Leben von Ramon Llull vor.

WEITERE INFORMATIONEN

Museu Diocesà, C/del Mirador 5, Tel. 0034 971 71 31 33, Juni–Sept. Mo–Fr 10–18.15, April, Mai, Okt. bis 17.15, Nov.–März bis 15.15, Sa ganzjährig bis 14.15 Uhr, www.catedraldemallorca.org
Literanta, C/del Call 4, Tel. 0034 971 42 53 35
Informationen zu Palma auf den Tourismusseiten *Passion for Palma*, www.visitpalma.com; auch als App

2

SANT FRANCESC – DIE RUHE NEBEN DEM STURM

EIN KREUZGANG ZUM ABSCHALTEN UND EINE KIRCHE FÜR PHILOSOPHEN

Was tun, wenn die schönste und prächtigste Kirche der Insel, die Kathedrale La Seu, chronisch überfüllt ist? Ganz einfach, man besucht die zweitschönste. Die Basilika Sant Francesc liegt etwas versteckt im ältesten Teil der Altstadt. Mit ihrem wunderbaren gotischen Kreuzgang kann selbst die Kathedrale nicht mithalten.

Wenn die Schüler des Col.legi Sant Francesc de Ramon Llull Pause haben oder Sportunterricht, wird ihr Rufen und Schreien weit in die Gassen der Altstadt getragen. Es ist auch im gotischen Kreuzgang des Klosters zu hören, was nicht weiter verwundert: Die Schule liegt direkt nebenan. Ist es der Hall, der den Stimmen ihre Schärfe nimmt, oder die kontemplative Stimmung des Kreuzgangs? Was auch immer, jedenfalls stört der Lärm nicht. Im Gegenteil, er ist sogar schön, weil er dem alten Gemäuer Leben, Alltag und Normalität gibt. Vermutlich hätte das auch dem seligen Ramon Llull (1232–1316) gefallen, der in der Basilika des heiligen Franziskus seine letzte Ruhe gefunden hat. Nach der Kathedrale La Seu ist Sant Francesc das größte Gotteshaus der Insel. Und so subjektiv diese Einschätzung auch sein mag: Nach La Seu ist Sant Francesc auch die schönste Kirche der Insel. Der wunderbare Kreuzgang trägt seinen Teil dazu bei. Voll oder gar überfüllt, wie man es von anderen Highlights Mallorcas kennt, ist es hier selten. Die kontemplative Stimmung erfasst einen, kaum hat man die Anlage betreten.
Auf über einhundert Säulen spannen sich die Bögen, die einen leicht trapezförmigen Innenhof mit einem Brunnen, einer Zypresse und einer hohen Palme umschließen. Der älteste Teil des Kreuzgangs wurde im 13. Jahrhundert errichtet, der jüngste rund 200 Jahre später. Wer sein kunsthistorisches Wissen prüfen möchte, kann versuchen, die einzelnen Bauabschnitte zu unterscheiden. Kleiner Tipp: Der älteste Teil befindet sich beim Eingang.

Die letzte Ruhe des Ramon Llull

An eine der seitlichen Galerien schließt die Kirche an. Vom Kreuzgang aus kann man das Gotteshaus betreten, dessen Grundstein 1281 vom damaligen König Jakob II. (Jaume II) gelegt wurde. Zwei Jahre zuvor hatten die Franziskaner, die vermutlich mit den christlichen Eroberern 1229 nach Mallorca kamen, das Grundstück bekommen und ihre neue Klosteranlage geplant.

Vom Rummel, der in der Kathedrale herrscht, ist die große und dennoch intim wirkende Kirche bislang verschont geblieben. Die schlichte, elegante Architektur und die spirituelle Stimmung des Ortes können ihre Wirkung entfalten, ohne dass diese durch Besucher gestört würde, die sich beim Betrachten der Kirche mit ihrem Smartphone filmen oder fotografieren müssen. Auf den ersten Blick wirkt der große, goldfunkelnde Hauptaltar aus dem 18. Jahrhundert wie die Hauptattraktion der Kirche, doch das täuscht. Das Wichtigste ist eine kleine Kapelle, die links davon im Chorumgang zu finden ist. Dort ruht der Philosoph, Mystiker und Begründer der katalanischen Literatur Ramon Llull – oder, in der latinisierten Form, Raimundus Lullus. Auf Mallorca begegnet man seinem Andenken immer wieder – unter anderem im ehemaligen Kloster Miramar (siehe S. 54) und beim Klosterberg Puig de Randa (siehe S. 160). Llull wird und wurde auf der Insel fast wie ein Heiliger verehrt, auch weil sein Grab während eines Feuers in der Sant-Francesc-Kirche unbeschadet blieb. Den Heiligen Stuhl in Rom beeindruckte dies nicht, ihm war der Denker aus Mallorca lange suspekt. Mehrere Jahrhunderte hindurch galt er als Ketzer, erst 1847 wurde er als Märtyrer rehabilitiert und seliggesprochen.

DER GOTISCHE KREUZGANG VON SANT FRANCESC IST EINE OASE DER RUHE MITTEN IN PALMA. VOR DER KIRCHE WACHT DER MISSIONAR JUNÍPERO SERRA, DER ALS BEGRÜNDER VON SAN FRANCISCO UND ANDERER STÄDTE GILT.

DER BASAR DER BÜCHER

Wer bei einem Basar an das Stimmengewirr eines belebten Markts denkt, liegt beim Bazar del Libro falsch. Die Besucher des Antiquariats verstummen meist, wenn sie diesen besonderen Raum betreten, und es ist fast, als ob dieses Schweigen andächtig wäre. Vielleicht ist es eine Ehrfurcht vor der Zeit und der Geschichte, vor den gelebten und erdachten Leben, die in den rund 10000 Büchern aufbewahrt sind. Es ist jedenfalls ein großes Glück, vor den Regalen auf Entdeckungstour zu gehen, in einem der Sessel Platz zu nehmen oder an einem der Tische und sich aus Raum und Zeit tragen zu lassen. Seit mehr als 40 Jahren gibt es schon den Bazar, der auch eine Art Bar ist. Dass die meisten Bücher auf Spanisch oder Katalanisch sind, ist nicht weiter schlimm. Alte Landkarten, Fotografien und Objekte transportieren die Zeit genauso gut.

WEITERE INFORMATIONEN

Convent Sant Francesc,
Plaça de Sant Francesc 7,
Tel. 0034 971 71 26 95,
Mo–Fr 10–17, Sa bis 14 Uhr,
www.spiritualmallorca.com
Bazar del Libro, C/Sant Crist 2,
Tel. 0034 971 71 11 55

3

PALMA – OHNE MASSEN

WO DIE ALTSTADT NOCH EIN ORT ZUM LEBEN UND STAUNEN IST

Rund um die Plaça Major tobt der Bär. Warum also nicht einfach die Touristenautobahn verlassen und die Altstadt auf Nebenrouten erkunden? Zu sehen gibt es einiges, wie alte Paläste und neue Kunst, Köstlichkeiten aus aller Welt und wiederentdeckte mallorquinische Spezialitäten, eines der letzten Nonnenklöster und den wahrscheinlich größten Gummibaum der Stadt.

Es ist wie in Venedig oder Rom, wie in Barcelona oder anderswo: Wenn viele Menschen aus vielen Ländern eine Stadt in kurzer Zeit kennenlernen möchten, zieht es sie erst einmal zu den Hauptsehenswürdigkeiten. Daran ist nichts falsch, wenn man schon mal hier ist, warum also nicht zur Kathedrale, zur Plaça Major und auf den Passeig del Born? Nein, falsch ist daran nichts, nur leider machen das so viele, dass das Vergnügen auf der Strecke bleibt.

Die gute Nachricht ist: Es gibt auch viele andere sehenswerte Ecken in Palmas großer Altstadt. Um ein Gefühl für das Zentrum und das Leben zu bekommen, sind sie sogar viel angenehmer, intensiver und ja, jetzt muss das magische Wort genannt werden, dort ist Palma noch authentisch.

Das geht ganz einfach. Angenommen, man kommt vom Hafen und betritt die Stadt über die Avenida d'Antoni Maura, jene Straße, die unterhalb des Königspalasts und der Kathedrale in die Altstadt führt. Die meisten Besucher gehen jetzt die Treppen hoch in Richtung Kathedrale oder geradeaus zur Promenade El Born. Warum nicht scharf links in die engen Gassen des Viertels Sant Martí abbiegen, zum Beispiel in den Carrer de Sant Feliu? Nette Lokale wie das Wein- und Tapas Bistro 13 % gibt es da, oder das Café Can Martí, in dem man sich dem Gedanken hingeben kann, die touristische Revolution der Insel hätte nie stattgefunden.

WER PALMA LIEBER ABSEITS DER GROSSEN TOURISTENSTRÖME ERKUNDET, FINDET SELBST IN DER ALTSTADT NOCH VIELE AUTHENTISCHE VIERTEL UND GASSEN.

Eine Festung für die Kunst

In den engen Gassen hier gibt es nicht nur Lokale, sondern auch einige Galerien, was nicht weiter verwundert, schließlich liegt an der Südwestspitze des Viertels, hinter den Mauern einer ehemaligen Festungsanlage, das Museum für moderne Kunst

KÜHNE ARCHITEKTUR IN HISTORISCHER FESTUNG – DAS MUSEUM ES BALUARD ZEIGT NICHT NUR MODERNE UND ZEITGENÖSSISCHE KUNST, ES BIETET AUCH SPANNENDE AUSBLICKE ÜBER DIE STADT UND DEN HAFEN.

Es Baluard. Auch wenn es gut besucht ist, Menschenmassen, die sich auf die Füße treten, sind dort nicht zu erwarten.

Das avantgardistische Bauwerk, das sich auf mehreren Rampen in die ehemalige Festungsanlage Baluard de Sant Pere duckt, gibt dem vielfältigen Kunstschaffen der Insel einen angemessenen Ort. Der strahlend weiße Museumsbau ist mit Werken aus der Sammlung Pere A. Serra bestückt. Der Großverleger – zur Grup Serra gehören mehrere Zeitungen und Radiostationen sowie das deutschsprachige *Mallorca Magazin* – hat im Lauf seines Lebens Werke der klassischen Moderne, von Cézanne, Gauguin, Picasso gesammelt, ebenso wie Miró, Magritte, Giacometti und Künstler der 1980er- und 90er-Jahre wie Sigmar Polke, Anselm Kiefer, Julian Schnabel, Miquel Barceló und viele andere.

Spannend, weil nur an wenigen Orten zu sehen, sind die Landschaftsmalereien mit mallorquinischen, katalanischen und mediterranen Sujets von Santiago Rusiñol, Joaquim Mir, Hermenegildo Anglada-Camarasa oder Manuel H. Mompó. Wenn man gerade nicht in der Stimmung für einen Museumsbesuch ist, lohnt es trotzdem, die Kunstbastion aufzusuchen: Von hier aus bietet sich ein schöner Blick über den Hafen, und die Außenterrasse des Cafés ist ein sehr angenehmer Ort.

Palmas Hipster-Viertel

Von der Festung aus sieht man die breite Avenida Argentina und dahinter das Viertel Santa Catalina. Essen und ausgehen oder in kleinen Boutiquen und Shops nach ausgefallener Mode und mallorquinischen Vintage-Möbeln schauen: In Santa Catalina schlägt das junge urbane Herz von Palma. Profi- wie Hobbyköche versorgen sich in der Markthalle mit ausgesuchten Zutaten. Der Mercat de Santa Catalina ist einerseits eine klassische Markthalle, aber mittlerweile ebenso ein Feinkostmarkt mit Stehlokalen. Überhaupt gibt es im Viertel gastronomisch viel zu entdecken. Zum Beispiel indische Küche im Krishnà (C/Sant Magí 11), köstliche Gyozas mit Mango im Koh (C/Servet 15), frisches französisches Backwerk im Café Chantilly (vor der Markthalle) und echte Paella, also »Arroces« in der Arrocería el puente (C/Monterrey 66).

Heiße Schokolade und göttliches Gebäck

Die Gassen zwischen den alten Palästen und Stadthausern sind im Viertel zwischen La Rambla und Avenida de Jaume III besonders eng. Vielleicht zögern deshalb viele Besucher, das Labyrinth zu betreten. Nun gut, das ändert sich gerade, was nicht heißt, dass das alte Mallorca damit auf einen Schlag verschwunden wäre. So backen die Nonnen im Kloster Purísima Conceptión im Carrer de les Capuxines und im Kloster Santa Magdalena wie seit Jahrhunderten süße Köstlichkeiten. Zu festen Uhrzeiten können sie an der Pforte erstanden werden.

Wenn man am Kloster Santa Magdalena ist, sieht man gegenüber ein großes, herrschaftliches Gebäude und davor eine kleine, verwunschene Gartenanlage. Ein Baum überragt alle anderen. Es ist ein riesiger Gummibaum, der möglicherweise um 1830 gepflanzt wurde, als sich an dieser Stelle ein botanischer Garten befand. Im Gebäudekomplex ist unter anderem das Kulturzentrum La Misericòrdia untergebracht. Es lohnt sich vorbeizuschauen, denn oft werden dort in einer ehemaligen Kapelle interessante Ausstellungen gezeigt, die sich oft mit Themen beschäftigen, die mit dem Leben oder der Geschichte der Insel zu tun haben.

Wer ein Herz für altes Handwerk und Traditionen hat, den wird der kleine Laden am Vorplatz des Komplexes, an der Plaça l'Hospital, freuen. Eröffnet wurde die Cerería La Real vor rund einhundert Jahren. Die handgefertigten Kerzen sind nicht nur bei gläubigen Kirchgängern beliebt. Ebenfalls eine Institution der Stadt ist das Café Ca'n Joan de S'Aigo im Carrer del Baró de Santa Maria del Sepulcre 5. Im 18. Jahrhundert ließ der damalige Inhaber Eis aus den Schneehäusern der Serra de Tramuntana in die Stadt bringen, wo es als Kühlmittel verkauft wurde. Der findige Geschäftsmann mischte das Eiswasser aber auch mit Fruchtsäften und erfand so eine Art Vorläufer des Speiseeises. Heute ist das nostalgische Café ein wunderbarer Ort, um eine heiße Schokolade mit einer süßen Ensaimada oder eine herzhafte Coca de trempó zu genießen. Letzteres ist eine Art Pizza ohne Tomatensugo, belegt mit Paprika, Zwiebeln und anderen Gemüse. Ach so, selbst gemachtes Eis gibt es natürlich auch. Es stammt allerdings nicht mehr aus den Bergen der Serra de Tramuntana.

DIE KUNST DER KLEINEN KÖSTLICHKEITEN

Wer kreiert die beste Tapa? Darum geht es beim Festival TaPalma, das mittlerweile schon seit 20 Jahren besteht. Während sich die Köchinnen und Köche ins Zeug legen, um möglichst viel Geschmack in kleine Portionen zu packen, freuen sich Einheimische und Gäste über die kreativen Köstlichkeiten zu moderaten Preisen. Meist machen mehr als 50 Bars und Restaurants mit, weshalb das Festival immer auch eine gute Gelegenheit ist, neue Lokalitäten kennenzulernen. Die besten Tapas und Chefs des Jahres werden von einer Jury ausgewählt. TaPalma findet Ende November statt. https://tapalma.com

WEITERE INFORMATIONEN

Es Baluard, Museu d'Art Modern i Contemporani de Palma, Plaça de la Porta de Santa Catalina 10, Tel. 0034 971 908200, Di–So 10–20, So bis 15 Uhr, www.esbaluard.org

Centre Cultural La Misericòrdia, Plaça de l'Hospital 4, Tel. 0034 971 219500, Mo–Fr 10–14 und 17–20, Sa bis 13 Uhr, www.conselldemallorca.net

4

PORTO PI – ÜBERRASCHENDES AM RAND

KUNST, KANONEN UND EIN KÖNIGLICHER GARTEN

In Palmas Stadtteil Porto Pi legen die großen Kreuzfahrtschiffe an. Am südlichen Ende von Palmas Hafenbucht gibt es aber noch viel mehr zu entdecken: ein Militärmuseum mit sprödem Charme, aber toller Aussicht, einen königlichen Garten und ein Kunst-Highlight, das genau genommen schon in einem anderen Stadtteil liegt. Egal, einen Besuch ist es auf jeden Fall wert.

Die angenehmste Art, um nach Porto Pi zu kommen, ist das Fahrrad. Man steigt zum Beispiel in der Innenstadt aufs Rad und radelt dann immer am Hafen entlang nach Westen. Es geht vorbei an traditionellen Fischerbooten, den Llaüts, schicken Jachten, und vielleicht liegen da sogar noch Fischernetze aus, um geflickt zu werden. Manchmal sieht man vor lauter Segelmasten das Meer nicht mehr, und manchmal möchte man gleich anhalten, um die Ankunft in Porto Pi durch einen Kaffee oder ein ausgiebiges Mahl mit Meerblick hinauszuschieben. Jedes Jahr legen in Porto Pi mehr als 500 Kreuzfahrtschiffe an. Wer Orientierungsprobleme hat, muss also nur nach den schwimmenden Hotelhochhäusern mit den wehenden Rauchfahnen Ausschau halten. Das Hafenviertel hat bis vor wenigen Jahren fast kein Tourist aufgesucht, es sei denn, er oder sie kam mit der Fähre aus Barcelona. Heute ist die Promenade renoviert, und schicke Fischlokale locken mit einladenden Terrassen.

Ein 700 Jahre alter Leuchtturm

In früheren Zeiten orientierte man sich nicht an den Kreuzfahrtschiffen, sondern am ältesten Leuchtturm der Insel. Er soll sogar der drittälteste in ganz Europa

PALMA HAT AUCH ABSEITS DES ZENTRUMS EINIGES ZU BIETEN, WIE DAS MUSEUM DER MIRÓ-STIFTUNG MIT EINEM ATELIER, DAS SELBST EIN ARCHITEKTONISCHES KUNSTWERK IST.

sein, errichtet im Jahr 1300. Oberhalb des Turms duckt sich die Festung Sant Carles auf der Landzunge. Darin ist ein etwas angestaubtes Militärmuseum untergebracht, obwohl es mit seiner Eröffnung im Jahr 1991 noch gar nicht so alt ist, jedenfalls nicht für ein Museum. Die Festung hat schon ein paar Jährchen mehr auf dem Buckel. Sie wurde im 17. Jahrhundert errichtet und ist ein guter Platz, um über den Lauf der Dinge nachzudenken. Zum Beispiel wann die Insel zum letzten Mal angegriffen wurde, wie die Bucht vor 100, 200 oder 500 Jahren aussah und wohin sich diese Insel entwickeln wird? Den meisten Mallorquinern ist Porto Pi eher wegen des großen gleichnamigen Einkaufszentrums ein Begriff. Andere verbinden damit Bilder royaler Sommerfrische, schließlich erholt sich traditionell die königliche Familie im Marivent-Palast von ihren repräsentativen Aufgaben. Schon nicht mehr ganz in Porto Pi, aber nicht weit entfernt, liegt die sehenswerte Miró-Stiftung. Die Anlage ist nun sicherlich kein »Secret Place« mehr, andererseits ist sie es doch, denn gemessen an dem, was geboten wird, ist der Andrang selbst in der Hochsaison überschaubar.

Graffiti im Landhaus

1956, als Joan Miró überall außer in Spanien als großer Künstler gefeiert wurde, zog er mit seiner Frau Pilar nach Mallorca. Auf dem Grundstück der Finca Son Abrines im höher gelegenen Teil von Cala Major, das es als Urlaubsort so noch gar nicht gab, ließ er sich von seinem Freund, dem Architekten Josep Lluis Sert, ein Atelierhaus bauen – und wer heute dort hineinschaut, glaubt, dass der Meister nur mal kurz zum Mittagessen gegangen ist. Das angrenzende Landhaus Son Boter kaufte der Künstler später hinzu. Ja, auch da sollte man hineinschauen. Der Künstler hat die trutzige Masia als Skulpturenwerkstatt genutzt und an den Wänden einige Graffiti hinterlassen.

DIE GÄRTEN DES MARIVENT-PALASTS

Zu einer königlichen Sommerresidenz gehört unbedingt auch ein Garten, besser gesagt ein Park. So ist es auch im Palast Marivent, den die Königsfamilie im Sommer traditionell bezieht, zumindest für einige Wochen. In der Gartenanlage dürfen seit 2017 alle Urlauber lustwandeln – und natürlich die Mallorquiner, denen die Anlage im Prinzip gehört. Im Areal mit seinen rund 9000 Quadratmetern wird das gepflegte Grün von Bronzeskulpturen des Künstlers Joan Miró aufgelockert, die er in den Jahren zwischen 1969 und 1981 geschaffen hat. Der 1925 erbaute Marivent-Palast, der in früheren Zeiten als Museum und Hotel genutzt wurde, ist leider nicht zugänglich.

WEITERE INFORMATIONEN

Fundació Pilar i Joan Miró, C/Joan de Saridakis 29, Sommer Di–Sa 10–19, im Winter bis 18 Uhr, So ganzjährig 10–15 Uhr, www.miro.palmademallorca.es
Museu Militar Sant Carles, Crta. Dic de l'Oest, Tel. 0034 971 40 21 45, Di–So 10–14 Uhr, www.castillomuseosancarlos.com
Jardins de Marivent, Avinguda de Joan Miró 229, tägl. Mai–Sept. 9–20, Okt.–April bis 16.30 Uhr

5

LA PORCIÚNCULA – BUNTES LEUCHTEN

EINE MODERNE KIRCHE ALS GLASKUNSTWERK

Wer behauptet, moderne Architektur sei nicht emotional, kann sich an der Platja de Palma vom Gegenteil überzeugen. Je nach Sonneneinstrahlung verwandelt sich der runde Kirchenraum der »Kristallkirche« La Porciúncula in ein Fest aus Licht und Farbe. Zum Gebäudekomplex gehört auch ein kleines Museum zur Archäologie und Tourismusgeschichte.

Es heißt ja immer, die Hotelklötze aus den 1960er- und 70er-Jahren seien hässlich. Sie verschandelten die Küsten, sie seien unpersönlich und ragten unsensibel aus einer Landschaft empor, auf die sie keine Rücksicht nähmen. Mag sein, dass das so ist, es lohnt sich trotzdem, die Augen zu öffnen und sich diese Betonriesen einfach mal so anzuschauen, als wären sie bedeutende Bauwerke. Auf Mallorca gibt es zahllose Gemeinden, wo man diesen Selbstversuch durchführen kann. Das gilt erst recht für die Keimzelle des Massentourismus, die Platja de Palma.

Warum also nicht den Besuch der Kirche La Porciúncula mit einem Spaziergang durch die Tourismusgeschichte in Form von Hotelbauten verbinden? Los geht es an der Küste, von der Plaça Sant Ferran aus. In der gleichnamigen Kirche, die an einer Ecke des Platzes steht, trifft sich übrigens sonntags die deutsche Gemeinde zum Gottesdienst.

Apropos deutsche Gemeinde: Der berühmt-berüchtigte »Ballermann« liegt gleich um die Ecke. Man spaziert einfach den Carrer del Pare Bartomeu Salvà – besser bekannt als Schinkenstraße – landeinwärts, vorbei am »Bierkönig« und dem Imbiss »Grillkönig«. Die Vergnügungsmeile ist, wenn man es aus der Distanz betrachtet, auch ein Stück Tourismusgeschichte. Aber zurück zu den Hotelbauten, deren Balkone versuchen, einen Blick aufs Meer zu erlauben. Wenn man

einmal damit anfängt, auf die Fassaden zu achten, entdeckt man, wie vielfältig diese Hotelblöcke sein können, ja man kann an ihnen auch eine Art Ideologie des Massentourismus ablesen, denn diese Bauten sagen: »Jeder hat das gleiche Anrecht auf ein bisschen Meer und Sonne. Wo kämen wir hin, wenn jeder seine eigene Finca wollte? Genießt die Tage und schaltet einfach ab!«

DIE PLATJA DE PALMA IST VOR ALLEM FÜR DIE PARTYZONE AM »BALLERMANN« BEKANNT (OBEN). DIE SOGENANNTE KRISTALLKIRCHE LIEGT NUR WENIGE HUNDERT METER DAVON ENTFERNT (LINKS).

Vom »Ballermann« ins Kloster

Diese Gedanken über den Tourismus, wie er in der zweiten Hälfte des 20. Jahrhunderts entstand und zum Teil noch lebendig ist, kann man gut in der Kirche La Porciúncula fortsetzen. Zu dem 1968 fertiggestellten Gotteshaus gehört auch ein Kloster, in dem auf mehreren Stellwänden die Tourismusgeschichte der Insel nachgezeichnet wird. Das Kloster wird vom Regulierten Dritten Orden des heiligen Franziskus unterhalten. In der Anlage befindet sich auch die Deutsche Schule Mallorcas.

In den Räumen ist auch ein kleines Archäologiemuseum untergebracht, womit die fünf Euro Eintrittsgeld für eine Kirche zumindest ein wenig begründeter erscheinen. Trotz der liebevoll arrangierten Ausstellung ist das Highlight die moderne Kirche selbst. Der mallorquinische Architekt Josep Ferragut Pou (1912–1968) hat unter einem Betondach, das sowohl an ein Zelt erinnert als auch an einen Mix aus Kernreaktor, James-Bond-Kulisse und New Age, eine umlaufende Fensterfront mit Glasmalereien gesetzt. Die Wirkung ist grandios.

Die Glas- oder Kristallkirche, wie das Gotteshaus Mare de Dèu dels Angels de la Porciúncula oft genannt wird, spannt sich über einer ovalen Grundfläche von 23 mal 33 Metern. Die 39 Glasfenster, die den Raum umfassen, brechen das Licht des Südens durch die farblich intensiven Darstellungen, die Szenen aus dem Leben des heiligen Franziskus darstellen. Ebenfalls sehenswert ist ein Betonplatz, der im Stil der Kirche von Ferragut auf dem Gelände angelegt wurde und dem mallorquinischen Gelehrten Ramon Llull gewidmet ist.

PAELLA DIREKT AM MEER

Es gibt sie mittlerweile als Postkarten, alte Schwarz-Weiß-Ansichten der Platja de Palma. Das Verblüffende daran ist das, was man nicht sieht: keine Hotels, ja fast keine Gebäude. Nur ab und an steht da ein küstennahes Häuschen an einem Strand, der so idyllisch wirkt wie heute noch Es Trenc im Süden der Insel. In einem dieser einst vereinzelten Gebäude, die im frühen 20. Jahrhundert am Strand von Palma standen, befindet sich das Restaurant El Bungalow. Es liegt von der Kirche La Porciúncula aus gesehen in Richtung Palma im Ortsteil Ciutat Jardí. Besonders schön ist es natürlich, wenn man einen Platz auf der überdachten Terrasse bekommt – man sollte besser vorher reservieren. In der Küche werden typisch spanische Meeresgerichte wie Paella, schwarzer Reis, gegrillte Sardinen und vieles mehr zubereitet.

WEITERE INFORMATIONEN

La Porciúncula, Av. Fra Joan Llabrés 1, El Arenal, Juni–Mitte Okt. Mo–Sa 10–18, Mitte Okt.–Mai Mo–Sa 9.30–14.30 und 15–17 Uhr, www.spiritualmallorca.com

Restaurante El Bungalow, C/d'Esculls 2, Tel. 0034 971 26 27 38

6

RAFAUBETX UND PORTALS VELLS – ÜBERRASCHUNGEN IM PONENT

WO DIE WEISSEN KLIPPEN GLÄNZEN

Rafalbetx, Refaubetx, Rafal Beix, Rafal Baix, Rafeubetx oder Rafaubetx? Die bewaldete Halbinsel, zwischen Port Adriano (El Toro), der Illa del Toro, der Feriensiedlung Sol de Mallorca und Cap de Cala Figuera gelegen, hat mehr Eigennamen als Einwohner.

Der katalanische Linguist Joan Coromines bevorzugt die Schreibweise Rafaubetx und begründet sie mit dem arabischen ar-raff-al-baid, was »weiße Traufe« bedeuten soll. Tatsächlich weisen die Küstenklippen auffallend helle Tönungen auf. Ihr vor etwa sieben Millionen Jahren hinter Korallenriffen abgelagertes Gestein war schon früh begehrt: Südlich der heutigen Partymeile von Magaluf liegen die vier beliebten Sandbuchten von Portals Vells, wo schon im 14. Jahrhundert Steinbrüche bestanden. Der gut per Schiff zu transportierende Marès-Sandstein fand sogar als Baumaterial für die Kathedale von Palma Verwendung.

Durch den unterirdischen Steinabbau entstanden in den Klippen große Hohlräume. Einer davon ist die Cova de la Mare de Deu, die ein mystisches, aber inzwischen leider schon sehr in Mitleidenschaft gezogenes Steinrelief birgt. Es soll auf einen in Seenot geratenen Kapitän zurückgehen, der dort zum Dank für seine Rettung eine Muttergottesstatue aufgestellt hat. Nach einem Felssturz kam die Figur in die Kirche von Calvià, dem Hauptort des Ponent, des Südwestens, und später in die Ermita de Nostra Senyora in Portals Nous, wo die Patronin der Fischer noch heute steht.

Oberhalb der Klippen zum Kap

Vorbei an den »Fjorden« der Cala en Beltran und der Cala Figuera gelangt man zu Fuß in einer Stunde zum Cap de Cala Figuera, wo die Sicht über die Bucht von Palma bis zur Insel Cabrera reicht. Neben einem Leuchtturm findet man dort auch einen verfallenen Wachturm aus dem Jahr 1579. Zwischen dem 16. und

KRISTALLKLARES WASSER UND KLIPPEN (FAST) OHNE ENDE – DIE KÜSTE VON RAFAUBETX UND PORTALS VELLS LÄDT ZUM SCHWIMMEN UND ZUM WANDERN GLEICHERMASSEN EIN.

dem 19. Jahrhundert wurde Mallorca ständig von türkischen und nordafrikanischen Piraten heimgesucht, die Schiffe, Geld und Güter raubten, Menschen töteten oder als Sklaven entführten. So veranlasste der Universalgelehrte Joan Binimelis (1538–1616) den Bau von Wachtürmen entlang der 550 Kilometer langen Küste. Etwa 50 dieser Bauwerke gibt es noch; sie stehen mittlerweile unter Denkmalschutz.

Naturerlebnis und Kriegserinnerungen

Der Turm am Cap de Cala Figuera wurde jedoch nicht von Freibeutern, sondern viel später vom Militär niedergemacht, denn er stand im Schussfeld von Geschützen. Westlich der Landspitze bestand nämlich seit dem Spanischen Bürgerkrieg (1936–1939) ein ausgedehntes Labyrinth von Bunkern, Soldatenunterkünften, Laufgräben und versenkten Kanonenstellungen, die bis 1989 in Betrieb waren. Zwischen ihren Ruinen findet man noch verrosteten Stacheldraht, überwucherte Gänge, eingestürzte Stollen und ein paar lebensgefährliche »Klettersteige«, die durch die Felsen zum Meer hinabführen. Direkt über der Cala Rafaubetx, die mit fast drei Kilometern Breite und einer Höhe von bis zu 110 Metern als die größte Klippenbucht Mallorcas gilt, »kleben« zwei flache Betongebilde, die wirken, als wären graffitigeschmückte UFOs gelandet. Es handelt sich um Beobachtungsposten, die vom Land wie auch vom Meer aus kaum zu erkennen sind. Doch Vorsicht: Das Herumklettern in den Küstenfelsen und das Betreten der zerstörten Anlagen kann ganz leicht gefährlich werden. Es ist also besser, nur das bewaldete Gebiet, das sich zu einem wahren Naturparadies (zurück-)entwickelt hat, zu durchstreifen. Es gilt als Vogeldorado und steht unter Naturschutz. Rund um die vorgelagerten Mini-Inseln erstreckt sich zudem eine *reserva marina* zur Regenerierung des Lebens unter Wasser.

TOURISMUSPIONIERE

1951 erwarb die Familie Xamena ein Häuschen in Ses Illetes im Westen der Bucht von Palma, das damals noch allein mitten im Wald stand. Bald wurden Ferienzimmer vermietet. Unter den ersten Gästen war der Hollywoodstar Errol Flynn, und das sprach sich herum: Das Gebäude wurde vergrößert und als Hotel Bonsol zum Inbegriff für Komfort und familiäre Gastfreundschaft. Außerdem erweiterte man das Grundstück hinab bis zum Meer, wo heute ein kleiner Sandstrand zum Baden einlädt. Dazwischen entstand ein wunderbarer Garten mit drei Pools und vielen inseltypischen Pflanzen. Die Gebäude sind übrigens so angelegt, dass jeder Gast das Meer sieht. Das Hotel ist ein idealer Ausgangspunkt für Ausflüge in die nahe Hauptstadt Palma und in den Südwesten Mallorcas.

WEITERE INFORMATIONEN

Hotel Bonsol, www.hotelbonsol.es
Aktuelles über die Orte im Ponent, dem Südwesten Mallorcas: www.visitcalvia.com

7

PUIG DE SA MORISCA – BRONZEZEIT IM WOHNGEBIET

AUF DEM HÜGEL DER HÄNDLER

Der Puig de sa Morisca in Santa Ponça ist eine bedeutende prähistorische Ansiedlung. Trotzdem ist sie wenig bekannt. Vor über 2000 Jahren lebten hier Urmallorquiner, die mit Ibiza und der punischen Welt handelten. Die Aussicht vom Puig ist heute noch strategisch günstig – auch, um das eigene Siedlungsverhalten zu studieren.

Wer durch Santa Ponça fährt, hat das Gefühl, der Ort höre gar nicht mehr auf. Kaum hat man das Zentrum verlassen, dessen Skyline aus Apartment- und Hotelblocks an Reisekataloge aus dem 20. Jahrhundert erinnert, kreuzt man im Takt der Verkehrskreisel eine Wohnsiedlung nach der anderen.

Zwischen den gepflegten Villen und Eigenheimen, in denen oft ausländische Residenten leben, erhebt sich ein etwa 120 Meter hoher Hügel. Wirklich auffällig ist er nicht, man muss schon dem Hinweisschild zur archäologischen Fundstätte Puig de sa Morisca folgen. Die liegt, zur groben Orientierung, zwischen dem Golfplatz Santa Ponça und dem schicken Jachthafen Port Adriano.

Auf dem hügeligen Areal wurden die Siedlungsreste früherer Residenten gefunden, genauer gesagt, Bewohner aus dem 1. Jahrtausend v. Chr. Auf mehr oder weniger angelegten Pfaden lässt sich das Gebiet erkunden, und man kommt so an einem Talayot-Turm vorbei, der einen Durchmesser von etwa neun Metern hat und dessen Portal noch gut zu erkennen ist. Insgesamt verteilen sich 15 Fundstätten auf dem Hügel. Auf der Spitze des Minigipfels – *Puig* bedeutet Gipfel – wartet am Aussichtspunkt ein reiches Panorama. Reich, weil der Blick aus der Zeit vor Christi Geburt bis in die Gegenwart saust – zumindest, was die Art des Wohnens betrifft.

Von alten und neuen Wohntürmen

Die Talayot-Kultur beginnt um 1400 v. Chr., und zwar mit der Ankunft von Seevölkern, die auf Mallorca und anderen Baleareninseln sesshaft werden. Aus ihren Heimatländern bringen sie eine besondere Bautechnik mit: Aus groben Steinbrocken schichten sie multifunktionale, runde, große Steintürme auf. Zum Teil wohnen sie darin, zum Teil nutzen sie sie als Grab- und Kultstätten. Der Blick in die Gegenwart ist sozusagen einer aus dem Lehrbuch: Das Panorama

der Wohnsiedlungen ist ein perfektes Beispiel für die »Balearisierung«. Leider ist dies kein positiver Begriff, denn er meint unter anderem eine übermäßige und gleichförmige Bebauung und den Verlust von Landschaft und ökologischer Vielfalt. Bei der Gelegenheit sei angemerkt, dass sich die »Balearisierung« nicht auf die Balearen beschränkt. Sie wurde nur auf Mallorca als Phänomen erkannt und studiert, was wiederum ein Beleg dafür ist, dass die Sonneninsel immer wieder Tourismusgeschichte schreibt.

Beliebte Wohnlage

Nun ist es natürlich nicht so, dass zwischen anno dazumal und dem 20. und 21. Jahrhundert in Santa Ponça und auf dem Maurenhügel nichts passiert sei. Die archäologische Fundstätte war über viele Jahrhunderte bewohnt. Dass sie so beliebt war, lag an der strategisch günstigen Lage. Nach der ersten Besiedlungsphase um 1200 vor unserer Zeitrechnung beginnt eine zweite um 900 v. Chr. Aus dieser Zeit stammt der Turm auf dem Gipfelchen.
Die Archäologen sehen eine dritte Phase ab dem 6. Jahrhundert v. Chr. Damals handelten die Ur-Residenten unter anderem mit Ibiza und hatten Kontakt zu phönizischen und punischen Händlern. Die Schiffe legten vermutlich am Naturhafen von Sa Caleta an oder in der Bucht von Santa Ponça, wo übrigens im 13. Jahrhundert die Armee der Christen ankam, um die Insel den maurischen Machthabern zu entreißen. In dieser Zeit war die Siedlung auf dem Puig de sa Morisca aber schon lange aufgegeben, vermutlich geschah das, nachdem die Römer im Jahr 123 die Insel erobert hatten.

WIE HABEN DIE URMALLORQUINER IHRE HÄUSER GEBAUT? AM RAND VON SANTA PONÇA KANN MAN AUF SPURENSUCHE GEHEN.

ALTER UND NEUER JACHTHAFEN

Als am 12. September 1229 der junge König Jaume I von Aragón mit 143 Schiffen auf Mallorca landete, soll die Bucht von Santa Ponça weiß von all den Segeln der Schiffe gewesen sein. Auf der Halbinsel Sa Caleta erinnert ein großes Gedenkkreuz an die Invasion, mit der ein neues Kapitel der Inselgeschichte begann. Ein Spaziergang auf der Halbinsel lohnt nicht nur wegen des Creu de Rei, dem Kreuz des Königs. Von hier aus kann man auch in den schön gelegenen Jachthafen Club Náutico de Santa Ponça spazieren. Die Marina gilt als eine der schönsten der Insel und hat eine angenehm entspannte Stimmung. Wem das zu langweilig ist: Östlich der Villensiedlung El Toro liegt der Nobelhafen Port Adriano. Das Kernstück der Anlage ist eine doppelstöckige, 250 Meter lange Shopping-Mole mit exklusiven Boutiquen, Restaurants und Bars, die Stardesigner Philippe Starck entworfen hat.

WEITERE INFORMATIONEN

Archäologischer Park Puig de sa Morisca, C/Puig de sa Morisca, Santa Ponça
Santa Ponça, Infos auf den Tourismusseiten der Gemeinde Calvià: www.visitcalvia.com
Port Adriano, www.portadriano.com

8

ILLA DE SA DRAGONERA – DAS TIERPARADIES

VON KLEINEN DRACHEN UND GROSSEN VÖGELN

Menschenleer heißt nicht leblos: Gleich nach der Ankunft auf der Illa de sa Dragonera, einem gut vier Kilometer langen und bis zu 349 Meter hohen Felsriff, das vor der Westspitze Mallorcas im Meer liegt, wird man von unzähligen Inselbewohnern geradezu überfallen.

Es sind Dragonera-Eidechsen, bis zu zehn Zentimeter große Reptilien im braunen, grünen oder auch blauen Schuppenkleid, die sogar um die Schnürsenkel der Trekkingschuhe herumwuseln – allerdings nur bei Sonnenschein, denn bei Schlechtwetter bleiben die wechselwarmen Lebewesen in den Felsspalten. Es leben Abertausende Tiere dieser endemischen, also nur hier vorkommenden Art auf der Insel und haben ihr wohl den Namen gegeben. Und sie zeigen kaum Scheu vor Menschen – aber von denen gibt es hier ja auch nicht viele. Es hätten mehr werden können, denn in den 1970er-Jahren plante ein Bankenkonsortium den Bau eines Luxus-Feriendorfs. Naturschützer besetzten das Eiland kurzerhand und retteten damit seine Unversehrtheit.

Flugshow vor dem Felsriff

Heute ist die Illa de sa Dragonera einer der am besten geschützten Naturparks der Balearen – und ein wahres Vogelparadies: Im Frühjahr erschallen überall die aufgeregten Rufe von Mittelmeer- und Korallenmöwen, die hier ideale Brutplätze finden; Zwerg- und Fischadler sind zu sehen, Samtkopf-Grasmücken eilen durchs Gebüsch, Krähenscharben bevölkern die Küste, Eleonorenfalken zeigen ihre Flugkünste. Letztere haben in den steilen Felswänden der Nordwestseite die größte Brutkolonie auf den gesamten Balearen. Auch die stark bedrohten Balearen-Schwarzschnabel-Sturmtaucher bauen ihre Nester in den Klippen.
Mit einem Fernglas ist man nah dran am Geschehen

zwischen Himmel und Insel. Wer Glück hat, entdeckt im Wasser sogar Meeresschildkröten oder springende Delfine.

Soldaten, Seeräuber, Schwarzhändler

Wer die Insel erkunden möchte, muss per Boot von Sant Elm im Westen Mallorcas in die Bucht Es Lladó hinüberfahren. Dort versteckten sich einst die Piraten, bevor sie zu ihren Raubzügen aufbrachen. Auf dem vorgelagerten Inselchen Pantaleu waren im Jahre 1229 die Kriegsschiffe König Jaume I von Aragón gelandet, um die Wiedereroberung Mallorcas von den Arabern vorzubereiten. Und bis ins 20. Jahrhundert hinein verbargen Schmuggler in den Höhlen der Dragonera Kaffee, Zucker, Tabak und sich selbst vor der Obrigkeit. Von der erhält man heute im Infozentrum die kostenlose Genehmigung für den Inselbesuch. Dann stehen drei beschilderte Wege zur Verfügung: Einer führt zum Cao des Llebeig, dem Kap des Südwestwinds, wo man ein Leuchtfeuer und einen Wachturm aus dem Jahr 1585 besichtigen kann (zweieinhalb Stunden hin und retour), einer in die entgegengesetzte Richtung zum Kap des Nordwinds an der Nordostspitze (insgesamt eine Stunde). Die schönste Route schlängelt sich auf den höchsten Inselberg (Aufstieg eineinhalb Stunden, Abstieg gut eine Stunde).
Auf der Spitze Na Pòpia stehen die Reste des Far Vell, des ältesten Leuchtturms der Dragonera. Erbauen mussten ihn Kriegsgefangene im Jahre 1852 – sein Platz war allerdings nicht optimal gewählt, denn die Wolken verschluckten regelmäßig seine Lichtsignale. Daher ersetzte man ihn schon 1910 durch die Lichtanlagen am Meer. Am Sattel des Coll Roig fasziniert der magenkribbelnde Tiefblick über die Steilküste. Der höchste Punkt auf dem Buckel des steinernen Drachens bietet eine Traumsicht zur Serra de Tramuntana, zu der die Insel aus geologischer Sicht gehört, und über den dazwischen gelegenen Canal des Freu: Diese nur 780 Meter breite Meeresenge ist für ihre unberechenbaren Wasserströmungen berüchtigt; dort liegen schon seit der Antike Schiffe auf dem Grund.

WIE EIN SCHUPPENTIER IN DER ABENDDÄMMERUNG: DIE »DRACHENINSEL« VOR DER BUCHT VON SANT ELM (LINKS). DIE CALA EN BASSET, GESEHEN VON LA TRAPA (UNTEN).

ERST SCHIPPERN, DANN SPEISEN

Vom gebührenpflichtigen Parkplatz am Ortseingang von Sant Elm gelangt man zu Fuß in wenigen Minuten auf der Avinguda Jaume I zum kleinen Hafen, wo das Boot »Margarita« zur Dragonera ablegt (April–September ab 9.45, im Oktober ab 10.15 Uhr, jeweils alle 30 Minuten, letzte Rückfahrt um 16.50, im Oktober um 15 Uhr). Gruppen ab zehn Personen müssen sich für einen Besuch der Insel anmelden (unter Tel. 0034 971 17 37 31). Auf der Insel gibt es kein Restaurant, daher Trinkwasser mitnehmen!
Sehr gut speist man im Restaurant Es Molí, das etwas abseits im nördlichen Ortsbereich von Sant Elm liegt; gelobt werden vor allem Fischgerichte und die Desserts.

WEITERE INFORMATIONEN

Schiff »Margarita«, www.crucerosmargarita.com
Restaurant Es Molí, https://restaurantesmoli.com
Insel Dragonera, Aktuelles über www.illesbalears.travel/touristisches-angebot/de/mallorca/naturschutzgebiet-sa-dragonera

9

SA MOLA DE S'ESCLOP – EIN HOLZSCHUH AUS STEIN

AUF VERBORGENEN PFADEN

Man hat's ihm nicht gedankt: Für seine Meridianmessungen auf dem 928 Meter hohen Esclop wurde Dominique François Jean Aragó anno 1808 gleich als Spion verhaftet. Dem Scharfrichter entkam der französische Astronom, Physiker und Mathematiker damals, zur Zeit der Napoleonischen Kriege, nur knapp.

Morgens ist es noch still im Hochtal des Pla de s'Evangèlica; in der alten, liebevoll als Gästehaus renovierten Finca Ses Fontanelles wird gerade das Frühstück serviert. Das Anwesen ist eine wichtige Wanderherberge an der Ruta de Pedra en Sec, der Route der Trockensteinmauern – mit dem Kürzel GR 221 –, die auch über die Mola de s'Esclop, den höchsten Berg im Süden der Serra de Tramuntana, führt. Oder, besser gesagt, führen soll, denn dieser Abschnitt ist nach wie vor nicht beschildert und nur mit Steinmännchen gekennzeichnet. Auf- und Abstieg sind keine Spaziergänge; die etwa fünfstündige Überschreitung setzt Trittsicherheit, Schwindelfreiheit und gutes Orientierungsvermögen voraus. Man muss also keinen Massenandrang befürchten, aber stets die Augen offen halten – etwa auf den Feldern der Caseta des Carabinero, von denen sich ein verborgener Pfad oberhalb eines Felsturms zum Pas Gran emporschlängelt, und auch auf dem licht bewaldeten, zerklüfteten und schräg ansteigenden Karstrücken, über den man dann dem Esclop entgegenwandert. Von dort lässt sich erahnen, wie der Gipfel zu seinem Namen kam: Als *mola* wird im Katalanischen ein Tafelberg bezeichnet und *esclop* könnte man mit »Holzschuh« übersetzen.

Hinauf zum Holzschuh

Nach der Umgehung des verborgenen Hauses Ses Alquerioles, des einzigen noch bewirtschafteten Anwesens in diesem Gebiet, beginnt der »alpine«

ÜBER STOCK UND STEIN GEHT'S DER MOLA DE S'ESCLOP ENTGEGEN.

Teil der Tour – mit Klettereinlagen im hohen Dissgras, auf verzweigten Pfaden, unter Kiefern, die im Sturm umgestürzt oder bei Waldbränden verkohlt sind. Und durch den Felsspalt des Pas d'en Ponsa. Direkt unter dem schroffen Gipfel erinnern Hüttenfundamente, Mauern und ein Dreschplatz daran, dass man selbst so entlegene Gebiete einst landwirtschaftlich genutzt hat. Eine breite Rinne – steil, aber gut gestuft – ermöglicht einen erstaunlich einfachen Aufstieg zur Gipfelsäule.
Dort findet man nach zwei Stunden Aufstiegszeit die Mauerreste jener Hütte, die der unglückliche Aragó für seine Vermessungsarbeiten errichten ließ. Als jugendlicher Sekretär im Bureau des Longitudes hatte er ab 1806 gemeinsam mit Jean-Baptiste Biot die Messungen von Pierre Méchain auf dem Meridian von Paris in Spanien und auf den Balearen vorangetrieben. Festgenommen wurde er übrigens, weil er auf dem Gipfel Leuchtfeuer entzündet hatte.
Heute lässt sich die Aussicht unbehelligt und meist auch recht einsam genießen. Durch seine Lage im Norden des Städtchens Andratx, zwischen der Costa Nord und dem Torrent de Galatzó, bietet der Esclop ein weites Panorama vom Meer bis zur Inselebene um Palma, wobei der gegenüber aufragende Felsdreikant des Puig de Galatzó gleich alle Blicke auf sich zieht.

Und wie hinunter?

So »heimlich« wie hinauf, denn auch in der abweisenden Ostflanke zeigen Steinmännchen eine Route an, die man sich von unten kaum vorstellen kann. Unten trennt eine lange Trockensteinmauer zwischen dem Esclop und dem benachbarten Felsklotz Es Castellet zwei Landgüter voneinander. Am Fuß der Serra des Pinotells, die meerseitig mit wilden Felsabstürzen abbricht, gibt eine Zaunlücke den Weg in die verschwiegene Coma d'en Vidal frei. Das dortige Landhaus wurde von der Inselregierung als Herberge für vorher angemeldete Wandergruppen adaptiert. Der GR 221 ist ab diesem Bereich bis zum Picknickplatz Boal de ses Serveres und weiter nach Estellencs wieder beschildert.

AN DEN MAUERN ENTLANG

La Ruta de Pedra en Sec – die Route der Trockensteinmauern – führt in elf Tagesetappen von Port d'Andratx durch die gesamte Serra de Tramuntana bis Pollença. Der Name dieses Weitwanderweges weist darauf hin, dass er immer wieder zwischen alten, oft kunstvoll renovierten Trockensteinmauern verläuft. Die Route folgt historischen Ortsverbindungen, die zum Teil im Rahmen von Projekten der Lehrwerkstätten der Entwicklungsbehörde FODESMA, der sogenannten Mauerbauerschule, revitalisiert wurden. Beschildert sind derzeit die Teilstrecken zwischen Sant Elm und dem Coll de sa Gramola, zwischen Es Capdellà und Esporles sowie zwischen Valldemossa und Pollença.

WEITERE INFORMATIONEN

Finca Ses Fontanelles,
Aktuelles auf www.ses-fontanelles.es
Fernweg GR 221,
Aktuelles auf www.gr221.info

FINCA GALATZÓ – GENUSSWANDERN

BESUCH BEIM »BÖSEN GRAFEN«

Man sollte unbedingt rechtzeitig prüfend nach oben sehen: *Si el Galatzó du capell …* Wenn der Galatzó mit einem Nebelhut bedeckt ist, das weiß der Volksmund, dann gibt's ordentlich Regen. Zum Glück kann man sich unter dem Dach einer Finca am Fuß des Berges trocken halten.

Insgesamt 31 Erhebungen auf Mallorca ragen mehr als 1000 Meter übers Meeresniveau hinaus. Die südlichste davon ist der 1027 Meter hohe Puig de Galatzó, der für die ägyptischen Pyramiden Modell gestanden haben könnte: Schon vom Flughafen aus ist er leicht an seiner Dreiecksform erkennbar. Ein Gipfel der Götter und der Geister soll er gewesen sein: Die Schafhirten, so heißt es, hätten ihn gemieden, den Besitzern der wenigen Landgüter am Fuß des Berges wären ihre Arbeiter davongelaufen und hätten jeden noch so guten Lohn ausgeschlagen.

Vom Grafen zum Kinderschreck

Einer gab dem Unaussprechlichen, das die Menschen so lange Zeit fürchteten, ein Gesicht und einen Namen: Ramón Burguez Zaforteza y Fuster, Graf von Santa Maria de Formiguera – der *Comte Mal,* der »böse Graf«. Er besaß tatsächlich im 17. Jahrhundert das Landgut Galatzó im Norden des Dorfes Es Capdellà.

Unzählige Bluttaten wurden dem verhassten Adligen zugeschrieben. So dürfte er vor der Verfolgung zum Galatzó geflüchtet sein, wurde festgenommen und verurteilt, aber nach der Zahlung einer Kaution ins Militär des Königs aufgenommen. Seit er 1694 – in allen Ehren – verstorben ist, soll seine unerlöste Seele in Sturmnächten über die Abhänge des Galatzó reiten. In den Felsen, so heißt es, erinnern Hufabdrücke daran, und im ehemaligen Stall seines Landguts will man Teile eines Galgens gefunden haben. Da wundert es nicht, dass zu quengelnden Kindern auf Mallorca nicht der Rübezahl kommt, sondern der böse Graf: *Mira de vidra …,* »du wirst schon sehen …«

Alte Mauern in neuem Glanz

Zu sehen gibt es auf der Finca Galatzó wirklich einiges. Wie die meisten der rund 500 *possessios*, der großen Besitztümer der Insel, geht auch dieses auf eine arabische *alqueria* zurück. Nach der christlichen Wiedereroberung im Jahre 1229 wurde fast ganz Mallorca auf Mitstreiter oder Finanziers des Königs aufgeteilt. Die riesigen Güter verhalfen ihren Eigentümern, die meist in Palma residierten, nicht nur zu Wohlstand, sondern oft auch zu Beinamen und Wappen. Später wurden viele Flächen aufgeteilt und an Kleinbauern oder Tagelöhner verpachtet. Rentabel ist heute kaum noch einer dieser Betriebe. Dieses 1350 Hektar große Landgut wurde 2006 von der Inselregierung erworben und ist seither als *finca pùblica* von April bis September täglich zwischen 8 und 19 Uhr zugänglich (im Winter bis 17 Uhr). Mustergültig renoviert wurden nicht nur das stattliche Herrenhaus mit seiner Kapelle, sondern auch die Stallungen, die Ölpresse, ein reizvoller Garten und zwei Wassermühlen; ein Picknickplatz lädt zur Rast ein.

Urnatur unter Felsriesen

Im einsamen Tal, das sich hinter der Finca zwischen den schroffen Felsflanken des Puig de Galatzó und der Mola de s'Esclop öffnet, lässt sich Mallorcas Natur- und Kulturlandschaft auf einem Lehrweg mit acht Stationen (und zwei kurzen Abstechern) erleben. Diese gemütliche Talwanderung für die ganze Familie führt in eine wildromantische Gebirgslandschaft – über eine Bachfurt, durch ein Spalier aus unzähligen Zwergpalmen, vorbei an mit Gras gedeckten Hütten und einem Köhlerplatz mit einem nachgebauten Meiler. Schließlich erreicht man im Talgrund den Brunnen Pou de ses Sínies und einen Mirador (Aussichtspunkt), bei dem man wieder umkehrt.

EIN HAUS MIT HISTORIE:
HINTER DER STOLZEN FASSADE DER FINCA GALATZÓ (UNTEN) VERBIRGT SICH AUCH EINE LIEBEVOLL RENOVIERTE ÖLMÜHLE (LINKS).

ES CAPDELLÀ

Alt ist das kleine Dorf, das zur Gemeinde Calvià gehört, nicht: Es entstand im 17. Jahrhundert als Siedlung jener Arbeiter, die beim Bau der Villen und Gutshöfe in der Region beschäftigt waren. Davon gibt es etliche, denn das Land am Südrand des Gebirges war damals bei den Adligen beliebt. Obwohl sogar um die Kirche Virgen del Carmen einige Herrenhäuser zu sehen sind, blieb das Dorf einfach – und sehr ruhig. Die Mandelblüte beginnt hier sehr früh, meist noch im Januar; zur Zeit der Olivenernte im Spätsommer oder Frühherbst werden hier noch die Netze unter den Bäumen ausgelegt. Authentisch wie das Dorf ist auch seine Gastronomie: Das Angebot in der Bar Nou am Carrer Major oder im Restaurant Sa Vinya direkt beim örtlichen Schwimmbad ist gut, ehrlich und preiswert.

WEITERE INFORMATIONEN

Finca Galatzó, Carretera de Es Capdellà a Galilea, Calvià, Tel. 0034 971 13 91 00
Bar Nou, Tel. 0034 971 23 31 70
Restaurant Sa Vinya, Tel. 0034 971 13 85 63

11

BANYALBUFAR UND ESTELLENCS – ROMANTIK UND NATUR PUR

MALLORCAS WILDER WESTEN

Eine der schönsten Routen mit dem Auto ist die Straße, die hoch über der Steilküste des südwestlichen Teils des Tramuntana-Gebirges verläuft. Über 20 Kilometer schlängelt sich die gut ausgebaute Trasse durch die spektakuläre Landschaft, fast immer das Meer in Sichtweite. Sie bietet damit auch weniger wanderfreudigen Besuchern grandiose Panoramablicke auf die zerklüftete Küste, an deren schroffen Felsen sich schäumend die tiefblaue See bricht.

Auch die beiden Hauptorte Estellencs und Banyalbufar sind einen ausgiebigen Stopp wert. Wie Schwalbennester hängen die aus braunem und grauem Gestein errichteten Häuser auf unzähligen Terrassen über dem Meer. Die gut ausgebaute Straße Ma-10 windet sich von Andratx aus durch ein grünes Tal in die Ausläufer der Serra de Tramuntana empor. Nach weniger als zehn Kilometern ist die Küstenlinie erreicht. Von da an jagt ein spektakulärer Ausblick den nächsten. Allerdings ist es aus Sicherheitsgründen ratsam, nur an den dafür vorgesehenen Parkplätzen zu halten. Vor dem Dorf Estellencs erhebt sich auf einer steilen Klippe der Aussichtspunkt Mirador de Ricardo Roca, benannt nach dem Straßenbauingenieur, der diese abenteuerliche Route an der einst unwirtlichen Küste erbaute. Ein Stopp mit Aufstieg ist ein Muss. Kilometerweit überblickt man die bizarre Küste nach beiden Seiten. Das kleine Restaurant Es Grau am Fuß der Klippe bietet Erfrischungen, schließt aber leider schon am späten Nachmittag.

Estellencs – ursprüngliche Schönheit

Das pittoreske Dorf Estellencs zieht sich vor allem an der Hauptstraße entlang, doch unter- und oberhalb davon klammern sich auf unzähligen Terrassen die typischen Steinhäuser des Bergdorfs an den Felsen.

ECHTER MALLORQUINISCHER DRAHTESEL.

Einige der engen Gassen führen zum Minihafen mit seinen bunt gestrichenen Bootsschuppen. Fast alle sind für den Durchgangsverkehr gesperrt, der kleine Parkplatz unten hat wenig Kapazität.
Die beste Abfahrt beginnt am Hotel Maristel. Ein Spaziergang zu Fuß durch den sehr ursprünglichen Ort lohnt, trotz der steilen Steigungen. Neben den Booten lädt ein kleiner Kiesstrand zum erfrischenden Bad ein. Am Dorfplatz Plaça de la Constitució liegen mit dem Son Llarg (Tel. 0034 971 61 85 64) und dem Montimar (Tel. 0034 971 61 85 76) zwei Restaurants, die gute, einheimische Küche bieten. An der Hauptstraße oder gleich daneben sind außer Bars und Cafeterias einige Läden mit Kunsthandwerk, vor allem Keramik, die Attraktion. Touristisch ist Estellencs ebenso wenig erschlossen wie der Nachbarort Banyalbufar. Die organisierten Bustouren konzentrieren sich auf den zentralen Teil des Gebirges, der Südwesten wird von dieser Invasion nicht berührt. Es gibt nur begrenzte Übernachtungsmöglichkeiten, und es fehlt die sonst in Küstenorten übliche Infrastruktur. Nach einer umfassenden Schönheitsoperation wurde aus dem Maristel (Tel. 0034 971 61 85 50) ein komfortables Viersternehotel, das neben herrlicher Aussicht mit Pool und Tennisplatz lockt. Sehr familiär und mit wenigen Zimmern ausgestattet sind das Petit Hotel Sa Plana, das Hotel Rural Nord und die Finca de S'Olivar, etwas außerhalb des Dorfes gelegen. In Letzterer kann man in ehemaligen Einsiedeleien wohnen. Nach dem meist spektakulären Sonnenuntergang, den man hier von vielen Stellen aus genießen kann, und dem Abendessen werden in diesem Teil Mallorcas die Gehsteige hochgeklappt. Für Urlauber, die einfach nur ruhige Ferien in fast unberührter Natur suchen, sind die Orte ein Geheimtipp. Nur wenige Kilometer nördlich von Estellencs liegt an der Küstenstraße ein alter Wachturm, der Mirador de ses Ànimes, der zu einem der schönsten Aussichtspunkte auf die wild zerklüftete Küste und das offene Meer wurde. Der Mirador gehörte wie die benachbarten Türme zum Verteidigungs- und Überwachungssystem der oft von Piratenüberfällen betroffenen Küste. Mit Lichtzeichen, tagsüber mit Rauch, wurde das Herannahen feindlicher Schiffe gemeldet, um die Bewohner dieser schwach besiedelten Gegend zu alarmieren. Vom Aussichtspunkt hat man den ersten Blick auf Banyalbufar mit seinen zahlreichen Obst- und Gemüseterrassen. Die schroffen Klippen links der gewundenen Straße fallen manchmal mehr als 100 Meter steil zum Meer ab. Wegen dieser geografischen Besonderheit ist das Parken – auch in den Orten – nicht einfach, besonders an den Wochenenden, wenn viele Mallorquiner die Dörfer besuchen. Schon mancher musste seinen Weg ohne Stopp fortsetzen, weil er keinen Platz für sein Auto gefunden hatte.

Banyalbufar – spektakuläres Terrassendorf

Schon zur Zeit der Araberherrschaft hatten die Bewohner von Banyalbufar die steilen Hänge mit unzähligen Terrassen gezähmt. Der Ortsname soll vom Arabischen abgeleitet sein und so viel wie »Kleiner Weinberg am Meer« bedeuten. Heute ist Banyalbufar das Terrassendorf auf Mallorca schlechthin. Noch immer funktioniert ein ausgeklügeltes Bewässerungssystem, mit dem der karge Gebirgsboden in fruchtbares Ackerland verwandelt wurde. Neben Zitrusplantagen und Gemüsefeldern gibt es wieder einige Weinberge, in denen die Trauben für den berühmten Malvasierwein reifen. Nach der verheerenden Reblausplage Ende des 19. Jahrhunderts waren viele Weinberge aufgegeben worden. Sichtbares Zeichen der Renaissance des früher als Mess- und Königswein bezeichneten Getränks, dessen Ursprung angeblich auf phönizisch-griechische Kolonisten zurückgehen soll, ist seit einigen Jahren eine Bodega, die sich des

DER WACHTURM TORRE DES VERGER AM AUSSICHTSPUNKT MIRADOR DE SES ANIMES

Kultivierens und natürlich des Verkaufs dieses begehrten Tropfens angenommen hat. In allen Bars und Restaurants bekommt man den Wein – zu stolzen Preisen. Ein Fläschchen davon ist ein gutes Souvenir. In den kleinen Kunsthandwerksläden, die meisten liegen an der Hauptstraße, werden zudem Keramik und mallorquinische Spitzen angeboten.

Wie schon in Estellencs ist auch in Banyalbufar die Zahl der Gästebetten beschränkt. Es gibt nur ein größeres Haus am Platz. Das Hotel Mar i Vent (Tel. 0034 971 61 80 00) bietet 25 Zimmer mit spektakulärem Meerblick, Pool und Tennisplatz.

Das Restaurant präsentiert mallorquinische Spezialitäten. Für romantische Individualisten sind das Son Borguny, das Sa Baronia, das Hostal Can Busquets und das etwas außerhalb liegende Minihotel Sa Coma interessante Alternativen.

In den meisten dieser Pensionen und Agrohotels werden einheimische Speisen angeboten. Gehobene regionale Küche mit schöner Aussicht von der Terrasse gibt es im Restaurant Son Tomas (Tel. 0034 971 61 81 49).

Baden nur bedingt möglich

Die Bademöglichkeiten an der etwas hochtrabend als Platja bezeichneten steinigen Bucht sind eher begrenzt, vor allem seit eine Geröllawine einen Teil der Hauptbucht verschüttet hat, was zu deren Sperrung führte. Doch die kleineren Calas daneben sind gut für eine kurze Erfrischung. Wenige Kilometer hinter Banyalbufar gabelt sich die Straße. Über kurvige Pässe windet sich nach links eine enge Straße nach Valldemossa. Die gut ausgebaute Hauptstraße führt weiter über Esporlas nach Palma.

STIMMUNGSVOLLES CANDLE-LIGHT-DINNER.

WANDERUNGEN AN DER STEILKÜSTE

Von der Ma-10 nach La Trapa: Die Wanderung nach La Trapa beginnt am Parkplatz »Coll de sa Gramola«. Vom Parkplatz ca. acht Kilometer oberhalb von Andratx führt ein ausgeschilderter Weg durch den Pinienwald bis zur Küstenlinie. Ein kurzer, aber heftiger Aufstieg endet am Aussichtspunkt Mirador d'en Josep Sastre. Von hier hat man einen herrlichen Blick auf die Dracheninsel Sa Dragonera. Man kann denselben Weg zurückgehen, Dauer insgesamt ca. drei Stunden. Setzt man den Weg bis zur Ruine des ehemaligen Klosters La Trapa fort – heute ein Informationspunkt des Umweltbundes GOB –, muss man weitere zwei Stunden einplanen.

VON BANYALBUFAR BIS PORT DES CANONGE

Nördlich des Terrassendorfs beginnt der Wanderweg zum kleinen Hafen Port des Canonge. Geübte Wanderer sollten die Strecke in drei Stunden schaffen. Allerdings muss der Rücktransport organisiert sein, da es keinen Bus gibt. Dem Hauptweg ist einfach zu folgen. Einziges Hindernis ist ein oft verschlossenes Eisentor; man klettert einfach links davon über die Mauer. Bald erreicht man den kleinen Hafen mit seinem Kiesstrand.

WEITERE INFORMATIONEN

www.banyalbufar.net

ESTELLENCS IST NICHTS FÜR LEUTE, DIE ES EILIG HABEN. IM FRISCHEN FRÜHJAHRSGRÜN IST DAS BERGDORF AN DER TRAMUNTANA-KÜSTE BESONDERS SCHÖN.

BIBLIOTHEK DES PRIORS IN DER REAL CARTUJA DE VALLDEMOSSA.

VALLDEMOSSA – WENN ES WINTER WIRD

DIE STILLE SEITE DES TOURISTEN-HOTSPOTS

George Sand und Frédéric Chopin haben Valldemossa berühmt gemacht. Malerisch liegt der Ort mit seiner alten Kartause in der Serra de Tramuntana. Jedes Jahr strömen Hunderttausende Besucher durch die Gassen, das hört sich nicht nach einem »Secret Place« an. Als Geheimtipp taugt die Touristenhochburg erst, wenn es Winter wird.

Valldemossa ist für Mallorca das, was für Deutschland ein Ort wie Rothenburg ob der Tauber ist: ein idyllisches Städtchen, das seit den frühen Tagen des Tourismus von ausländischen Besuchern als besonders lokaltypisch gesehen wird und das die Eigenheiten der Baukultur zu einem romantischen Ensemble verdichtet.
In den Wintermonaten kommt Ruhe in die schmalen Gassen von Valldemossa, endlich hat man Zeit, sich dieses außergewöhnlich schöne Bergstädtchen anzuschauen, seinen Geschichten nachzugehen. Eine davon beginnt am 8. November 1838 im Hafen von Palma. An jenem Novembertag gingen in der Inselhauptstadt das Künstlerpaar George Sand und Frédéric Chopin von Bord. Mallorca war auf Reisende noch nicht vorbereitet. Es gab noch nicht einmal ein Hotel. Nach einigen Stationen in Palma beziehen die beiden eine Kammer in der leerstehenden Kartause von Valldemossa.

Ein merkwürdiger Ort

»Meine Zelle, die wie ein Sarg aussieht, hat eine gewaltige staubige Wölbung und ein kleines Fenster, von dem man die Orangenbäume, Palmen und Zypressen des Gartens sieht«, schreibt Frédéric Chopin einem Freund in Paris. Und weiter: »Neben dem Bett ein alter Tisch, eine Art viereckiges Pult, auf dem man

IM WINTER KANN IM TRAMUNTANA-GEBIRGE SCHNEE FALLEN. IN DER KÜHLEN JAHRESZEIT KOMMT AUCH VALLDEMOSSA ZUR RUHE.

sehr schlecht schreiben kann, und auf ihm ein bleierner Leuchter mit – welch ein Luxus für hier! – einer Kerze. Auf dem gleichen Pult die Werke Bachs, mein Geschreibsel und andere Papiere, die nicht mir gehören ... Stille – auch wenn man schreit ... immer noch Stille! Mit einem Wort: Ich schreibe Dir von einem sehr merkwürdigen Ort.«

Ungeliebte Ausländer

Das Kloster stand leer, nachdem es 1835 säkularisiert und die Zimmer an Privatpersonen verkauft worden waren. Die Räume waren kalt und ohne jeden Komfort. Die romantischen Reisevorstellungen des Künstlerpaars erwiesen sich als ebenso falsch wie die Annahme, man würde offen und gastfreundlich empfangen. Nach drei Monaten gaben sie auf und verließen die Insel. Drei Jahre später erscheint Sands Reisebericht *Ein Winter auf Mallorca*, der sich stellenweise wie eine Abrechnung mit der Inselbevölkerung liest: Die sei faul, hinterhältig, aber gläubig und ohne jeden Ehrgeiz. Lediglich die Landschaft und die Natur lobt George Sand in höchsten Tönen. Trotzdem hat sie einen Klassiker der Reiseliteratur verfasst, und Chopin ließ sich weder vom Regen noch von der kargen Kammer unterkriegen. Er komponierte die Préludes op. 28, darunter auch das melancholische Regentropfen-Prélude. Wer es nicht kennt, muss nur in einen der Souvenirshops gehen, dort wird das Klavierstück gern zur Dauerbeschallung eingesetzt.

Die falsche Zelle

Etwa eine halbe Million Touristen kommen jedes Jahr in das 2000-Einwohner-Städtchen. Sie wollen vor allem die Kartause mit den Zimmern sehen, in denen Sand und Chopin ihren kreativen Katastrophen-Urlaub verbracht haben. Da gibt es nur ein Problem. In der Reial Cartoixa gibt es gleich zwei Zellen, deren Eigentümer behaupten, bei ihnen habe das berühmte Paar gehaust. Mittlerweile gilt als gerichtlich geklärt, dass Chopin in der Nummer 4 seine Préludes komponierte. Wie Vito von Eichborn in *Mein Mallorca* nacherzählt, wurden die Eigentümer der Nummer 4, die Familie Quetglas, 100 Jahre lang von Familie Ferrá-Capllonch

BEGEISTERT DIE BESUCHER SEIT JAHRHUNDERTEN – DIE SKYLINE DES BERGSTÄDTCHENS.

aus Nummer 2 betrogen. Letztere hatte ein falsches altes Klavier aus Paris kommen lassen, rief das renommierte Chopin-Festival ins Leben und inszenierte sich im Ort als wahre Erben des Sand-Chopin-Mythos. Eine kuriose Geschichte.

Zufluchtsort für Künstler

In den Wintermonaten muss man auf sonnige Caféterrassen verzichten – hier oben wird es frostig kalt. Dafür hat man das Gefühl, das Städtchen käme wieder zu sich und werfe die Rolle des Touristen-Hotspots wie ein albernes Kostüm ab. Man kann sich in aller Ruhe die Kartause anschauen und das sehenswerte Museum, das Gemälde des 2007 verstorbenen Künstlers Josep Coll Bardolet zeigt. Bevor der Rummel losging, war Valldemossa ein Künstlerort, Miquel de Unamuno und Azorín, Walter Benjamin und Albert Camus kamen in die Bergidylle.

Heimat einer Heiligen

Zum ausgiebigen Stadtspaziergang gehört auch eine Runde durch die Unterstadt. Hier ist es selbst in den Sommermonaten noch vergleichsweise ruhig. Sollte gerade Mittagessenszeit sein, dann lohnt eine Pause im Obergeschoss des Wohnhauses in der C/Uetam 8. Dort öffnet sich ein wunderbar nostalgischer Speiseraum, in dem seit mehr als 100 Jahren deftig-leckere, echt mallorquinische Küche serviert wird.

In den steilen Gassen der Unterstadt wird das Andenken an Catalina Tomàs hochgehalten, die einzige Heilige Mallorcas. Sie wurde am 1. Mai 1531 in der C/Rectoria geboren, wo heute eine kleine Kapelle steht.

COCAS DE PATATA UND HEISSE SCHOKOLADE

Hmm, einfach köstlich! Wenn es draußen kalt ist und der Wind durch das Bergdorf pfeift, hat man einen guten Grund, beziehungsweise eine gute Ausrede, für eine ebenso genuss- wie kalorienreiche Pause. In der alteingesessenen Bäckerei Ca'n Molinas – aber auch in anderen Cafés – bekommt man *Cocas de patata*. Das typische Gebäck aus Valldemossa schmeckt frisch einfach traumhaft. Die halbrunden, mit Puderzucker bestäubten Teigkugeln werden aus Kartoffeln, Zucker, Mandelmehl, Eiern und Zitronenschale gemacht. Dazu passt eine Tasse heiße Schokolade, selbstverständlich in der dickflüssigen schokogesättigten Version, wie man sie in Spanien kennt. Natürlich gibt es bei Ca'n Molinas auch leckere *Ensaimadas*, Mandelkuchen und andere mallorquinische Backwaren.

WEITERE INFORMATIONEN

Real Cartuja de Valldemossa,
Mo–Sa 9.30–15.45/17.45/18.15/19.15 (je nach Monat), April–Okt. auch So 10–13 Uhr,
www.cartujadevalldemossa.com

Kulturstiftung Coll Bardolet,
C/Blanquerna 4, Tel. 0034 971 61 29 83,
http://fccollbardolet.org

Restaurante Can Mario, C/Uetam 8,
nur mittags geöffnet, Di Ruhetag

Forn i Patisseria Ca'n Molinas,
C/Blanquerna 15 und C/Rosa 4,
www.canmolinas.com

13

TALAIA VELLA – NATURSCHUTZ ÜBER VALLDEMOSSA

DER REITWEG DES ERZHERZOGS

Sind Pferde eigentlich schwindelfrei? Die Reittiere des Erzherzogs Ludwig Salvator von Habsburg-Toscana müssen es wohl gewesen sein. Mallorcas erster Resident ließ nämlich zahlreiche abenteuerliche Wege anlegen, auf denen sie ihn in luftige Höhen trugen.

Der 1847 in Florenz geborene Erzherzog Ludwig Salvator sagte dem strengen Hofzeremoniell zu Wien schon früh Lebewohl und unternahm mit seinem Dampfschiff »Nixe« Forschungsfahrten durch die halbe Welt. Als 25-Jähriger kam er nach Mallorca, wo er sieben Landgüter zwischen Valldemossa und Deià erwarb. Angeblich durften auf seinem 1689 Hektar großen Besitz kein Baum umgehackt und kein Tier getötet werden. In seiner neuen Heimat empfing der hochgebildete Adelige – er beherrschte 15 Sprachen – Künstler, Forscher und auch seine ihm seelenverwandte Cousine, die Kaiserin Elisabeth von Österreich. Die Quintessenz seines Schaffens hinterließ er in seiner siebenbändigen Monografie *Die Balearen. In Wort und Bild geschildert*, die bis heute ein unerreichtes Standardwerk über die Inselgruppe bildet. Als der Erste Weltkrieg ausbrach, musste Ludwig Salvator sein mediterranes Paradies endgültig verlassen. Er starb 1915 auf Schloss Brandeis in der heutigen Tschechischen Republik. Dort geriet er in Vergessenheit – auf Mallorca jedoch kennt den *arxiduc* noch jedes Kind.

Zeitreise mit Besucherzählung

Und so mancher Wanderer, denn Ludwig Salvator ließ ein kilometerlanges Wegenetz von der Küste bis zu den Gipfeln anlegen. Am bekanntesten ist der

Camí de s'Arxiduc, der Reitweg des Erzherzogs, der sich von Valldemossa zum 945 Meter hohen Caragolí emporwindet. Allerdings gilt an einigen Abschnitten ein Tageslimit von 50 Besuchern, die sich vor der Tour bei der Fundació Vida Silvestre de la Mediterrània anmelden müssen. Die mallorquinische Naturschutzstiftung betreut im Auftrag der Grundeigentümer und der Gemeinde Valldemossa ein mehr als 300 Hektar großes Gebiet im Norden des Ortes. Unter dem Namen Muntanya del Voltor, Mönchsgeier-Berg, werden dort nun historische Pfade und Trockensteinmauern instand gesetzt, Waldbestände wieder aufgeforstet – und eben auch Besucher gelenkt, denn der Andrang drohte in den letzten Jahren aus dem Ruder zu laufen.

Arbeitsalltag und Aussichtspunkte

Genau dort, inmitten von zauberhaften Steineichenwäldern auf der knapp 700 Meter hoch gelegenen Lichtung am Pla des Pouet, nimmt das Netz der erzherzoglichen Reitwege seinen Ausgang. Die versteckteste dieser Routen führt nach Westen zum Mirador de na Torta, einem Aussichtspunkt, der an einer Felskante hoch über Valldemossa »klebt«. Das verspricht einen exklusiven Blick auf die Kartause – allerdings mit Vorsicht, denn die mit Zinnen gekrönte Mauer, die der Erzherzog aufstellen ließ, bröckelt bedenklich.

Wer dagegen nordwärts über das Waldplateau wandert, passiert bald eine der zahllosen runden, mit Steinen begrenzten und mit Moos bewachsenen Plattformen, auf der einst eine *sitja* (Holzkohlenmeiler) schwelte. Für die Gewinnung des begehrten Brennmaterials nutzte man meist Bäume aus den flacheren Bereichen der Berge, die in etwa fünf Hektar große *ranxos* aufgeteilt wurden. Diese durften, um die Wiederaufforstung zu gewährleisten, nur etwa alle sieben Jahre abgeholzt werden. Die Fundamente errichtete man meist aus Tonerde; zwischen den Steinen blieben Spalten für die Luftzirkulation frei. Darüber wurde das Holz aufgeschichtet, wobei man in der Mitte einen Schacht für den Rauchabzug frei ließ. Zuletzt bedeckte man den Meiler mit Ästen, Stroh und Erde, entzündete das Holz und brachte es durch genau dosierte Luftzufuhr zum gleichmäßigen Verkohlen – was bis zu eineinhalb Wochen dauerte und ununterbrochen überwacht werden musste. Daher findet man in der Nähe der Meilerplätze oft Hüttenreste. Auch das nahe Brunnenbecken der Font des Pouet erinnert daran, wie belebt dieses einsame Gebiet einst war.

DER BLAUBLÜTIGE BERGFREUND UND SEIN »REITWEG«: AN ERZHERZOG LUDWIG SALVATOR ERINNERT NICHT NUR EIN DENKMAL IN VALLDEMOSSA (UNTEN), SONDERN EIN GANZES NETZ AN PFADEN (LINKS).

Danach führt der Reitweg des Erzherzogs links empor. Man wandert auf einer akurat gefertigten, über niedrigen Trockensteinmauern angelegten Wegtrasse, ähnlich den Pfaden, auf denen schon die Araber durch Mallorca marschierten; ihre Vorbilder sind jedoch Reitwege adeliger Jäger aus den österreichischen Alpen.

Ein kurzer Stichweg verheißt den nächsten Aussichtspunkt: den renovierten Mirador de Can Costa, der eine Aussicht bis zum Meer bietet. Noch umfassender ist das Panorama weiter oben, auf dem 856 Meter hohen Gipfel der Talaia Vella, auf dem das Refugi de s'Arxiduc steht. Vor ihren Mauern wird der blaublütige Urvater aller Mallorcafans öfter verweilt haben; vielleicht hielt er dort Gedanken für seine Bücher fest, vielleicht gingen ihm angesichts der Schönheit der Landschaft zwischen dem Felsdreikant des Puig de Galatzó und dem Puig Major, dem höchsten aller Inselberge, aber auch poetische Zeilen durch den Kopf?

Eremitenhöhle und Himmelsleiter

Die könnten ihm auch auf der steinernen Sitzbank im nahen Sattel des Coll de Son Gallard eingefallen sein oder vor der Cova de s'Ermita Guiem. Diese kleine Höhle, eine ummauerte und zeitweise bewohnte Einsiedlerbehausung, liegt schon außerhalb des Schutzgebiets. Daher hat die Ermita de la Hesychia, wie sie auf einem Schild benannt wird, nun mehr Besucher als früher – hoffentlich geht jene Ruhe und Einsamkeit, die der altgriechische Begriff verheißt, nicht verloren.

Ohne Genehmigung ist auch die spektakulärste Passage des Reitwegs zu begehen: Oberhalb der Höhle erreicht man eine Anhöhe, von der man unvermittelt bis zur Inselhauptstadt blickt. So manche Wanderer würden sich darüber entspannter freuen, wenn da nicht auf der Nordseite ein 200 Meter hoher Wandabsturz wäre. Daneben steigt man nämlich wie auf einer Himmelsleiter über etwa 400 Meter an. An der Steinkuppe Es Caragolí erinnert eine Gedenktafel an den Auftraggeber des Weges, der noch weiter nach Osten zum Puig des Teix führt. Dieser kantige Tausender-Gipfel darf offiziell nicht erstiegen werden – wegen der Trophäenjagd auf Wildziegen. Immerhin: Der Abstieg durch das kulturhistorisch interessante Tal Es Cairats führt durch eine der ältesten *finques públiques* Mallorcas, also durch frei begehbares Land im Besitz der Inselregierung. Diese kurze Wanderrunde über die Talaia Vella nimmt mehr als drei Stunden in Anspruch, für eine Tour über den Caragolí muss man mindestens vier Stunden einplanen.

DIE ÄLTESTE DAME DER INSEL

Mallorca für (sehr) Fortgeschrittene: Wer die Balma de Son Matge erkunden möchte, muss zuvor die Fachliteratur und einschlägige Internetforen studieren, obwohl dieser Felsüberhang nur wenige hundert Meter westlich der Straße durch die Schlucht des Estret nach Valldemossa im Wald aufragt. Wie die dort entdeckten Knochen-, Keramik- und Mauerreste belegen, diente er schon den ersten Kolonisten vor 4000 oder 5000 Jahren als Lagerplatz und war bis zur Zeit der Römer genutzt. Bekannt wurde dieser verborgene Ort vor allem durch den Fund der Dama de Son Matge (Dame von Son Matge), einer kleinen Steinskulptur mit tief ausgebohrten Augen, die aus der zweiten Hälfte der Bronzezeit (ab 1200 v. Chr.) stammt und heute im Museu de Mallorca in Palma zu sehen ist.

WEITERE INFORMATIONEN

Aktuelles über das Projekt **Muntanya del Voltor** und die Wandergenehmigungen: http://muntanyadelvoltor.com

EINE ARCHAISCHE ANDACHTSSTÄTTE (OBEN) UND DER PRACHTBLICK VON DER TALAIA VELLA (RECHTS) – BLICKPUNKTE IN LUDWIG SALVATORS VERZAUBERTE BERGWELT.

ERMITA DE LA TRINITAT – KONTEMPLATIVE WEGE

ZWISCHEN KREUZ UND KORAN

»Ziehen wir an einem Glockenzuge mit hölzernem Griffe, so erklingt nach kurzer Pause eine dumpfe Stimme von innen und spricht: ›Ave Maria purissima.‹ ›Sens pecat concebuda‹ ist die Antwort, und die Thür geht auf.« So war es in der kleinen Ermita de la Trinitat der Brauch.

Jedenfalls noch zur Zeit des Erzherzogs Ludwig Salvator, der über einen Besuch dort berichtete. Das kleine Kloster befindet sich etwa drei Kilometer nördlich von Valldemossa und gehörte einst zu seinen Besitzungen. 1648 gegründet, ist es die einzige noch bewohnte und bewirtschaftete Einsiedelei der Insel. Heute steht das Tor offen, und man darf die wunderbare Aussicht von der Terrasse zur Costa Nord genießen. Weit schweift der Blick übers Meer oder hinauf zur Talaia Vella, deren felsdurchsetzte Waldhänge gleich hinter dem Heiligtum emporsteigen. Im nebenan gelegenen Gemüsegarten, in dem eine Statue an den Ordensgründer Joan Mir i Vallès erinnert, arbeitet von Zeit zu Zeit einer der freundlichen Patres des Ordens der Heiligen Paulus und Antonius; manchmal hört man auch Gebete aus der Kirche – dann darf man hier keinesfalls stören.

Zu Fuß in ein Zauberreich

Schon beim 15-Minuten-Spaziergang vom Restaurant Can Costa an der Küstenstraße Ma-10 auf der sehr schmalen Zufahrtsstraße erlebt man einen stillen Winkel der Insel. Hinter der Ermita lädt ein Picknickplatz zur kontemplativen Rast ein. Dort beginnt der Camí des Bosc, der in die Steineichenwälder zwischen dem Meer und der felsgespickten Nordflanke der Talaia Vella führt. Alpinexperten kennen dort versteckte Pfade, die scheinbar aus dem Nichts auftauchen, sorgfältig mit Trockensteinmauern abgestützt sind und wie Klettersteige gesichert wurden. Am Fuß des Berges braucht man nur gutes Orientierungsvermögen, um zu den moosüberwucherten Ruinen einer schon vor Jahrhunderten verlassenen Einsiedelei vorzustoßen: Bis heute ist die Anlage Ses Ermites Velles von

EIN ORT DER STILLE UND DES FRIEDENS: DIE VERBORGENE ERMITA DE LA TRINITAT ÜBER DER NORDWESTKÜSTE.

einem fast 50 Meter langen, trotz des Verfalls eindrucksvollen Mauergeviert umgeben; daneben entdeckt man ein *safareig* (Wasserbecken). Mitten im Wald klaffen einige Höhlen, etwa die Cova del Beat Ramon, die ein zwei Meter hohes Kreuz bewacht. An diesen abgeschiedenen Platz soll sich der Theologe und Philosoph Ramon Llull um 1275 zurückgezogen haben, nachdem er im nahen Landgut Miramar eine Missionsschule zur Bekehrung der Mauren gegründet hatte; ein Relief über dem Höhlenaltar zeigt den auf Mallorca bis heute hochverehrten Gelehrten zu Füßen der Gottesmutter.

Wie zu Erzherzogs Zeiten

Es gibt hier aber auch etliche Erinnerungen an Erzherzog Ludwig Salvator, dem einst auch dieses Gebiet gehörte. Hoch oben, neben dem Köhlerweg in die Felsschlucht des Estret de Son Gallard, hat einer seiner Aussichtstürme längst jeden Sinn verloren, denn ein urwaldartig dichter Baumbewuchs beraubt seine Plattform des Panoramas. Einen weiteren »Mini-Mirador« haben Einheimische zum Fang von Singvögeln zweckentfremdet. Erst der unterste Bau in diesem grünen Zauberreich entspricht noch ganz den Intentionen seines ursprünglichen Besitzers. Der Mirador des Tudons, ein an mexikanische Pyramiden erinnernder und über eine Freitreppe erreichbarer Aussichtsturm, bietet einen prachtvollen Blick auf Ludwig Salvators einstiges Anwesen Miramar und zur Halbinsel Sa Foradada. Und einige Minuten von dort entfernt verbirgt sich die Capella des Moros, eine eigenwillige Nachahmung der Koubba el-Baadiyn in der Altstadt von Marrakesch in Marokko, deren Bau der Erzherzog mitten im dichten Wald des Puig des Verger in Auftrag gab. Maghreb oder Alice's Wonderland im Mittelmeer? Auf jeden Fall ist er wirklich ziemlich *secret,* dieser waldschattige Platz ganz in der Nähe eines der meistbesuchten Ausflugsziele Mallorcas!

TUNESISCHE TRAUMSICHT

»George Sand« steht auf einem Schild an der Abzweigung der Küstenstraße Ma-10, vier Kilometer westlich von Valldemossa (Richtung Esporles). Es weist auf eine Ferienhaussiedlung, die den Namen der schriftstellernden Gefährtin Frédéric Chopins trägt. Von ihrem vorderen Rand führt ein Weg zum 100 Meter entfernten Mirador de Son Ferrandell. Dort ließ Erzherzog Ludwig Salvator (wie an vielen Stellen hier) eine Mauer über einem Felsabbruch erbauen, von der sich ein 400-Meter-Tiefblick zur Küste um Port des Canonge auftut. Auf dem höchsten Punkt der Urbanisation, dem Puig de sa Moneda, steht ein seltsames Gebäude, das der österreichische Adelige im südlichsten Bereich seiner Besitzungen nach dem Muster der Moschee in der tunesischen Stadt Kairouan errichten ließ.

WEITERE INFORMATIONEN

Ermita de la Trinitat,
Carrer Ermita Joan Mir 5, Valldemossa,
www.visitvalldemossa.com

15

MIRAMAR – HIMMLISCHE AUSSICHT

VOM KLOSTER ZUM SEHNSUCHTSORT

Beim Kloster, das der Philosoph und Mystiker Ramon Llull im 13. Jahrhundert gründete, geraten Romantiker ins Schwärmen. Nicht nur wegen einer Logikmaschine aus dem Mittelalter und der traumhaften Lage über dem Meer. Im byzantinisch inspirierten Garten lässt sich gut über Gott und die Welt nachdenken.

Es gibt zu viele Sehenswürdigkeiten auf Mallorca. Oder nein, gut, dass es so viele sind, denn so bleiben einige unter dem Radar. Wie das Kloster Miramar. Wer auf dem üppigen Kulturromantik-Trip von Valldemossa über Deià nach Sóller ist, schaut sich neben den genannten Orten vermutlich noch Son Marroig an (siehe S. 56). Und Miramar? – Vielleicht beim nächsten Mal!
Dabei hat das ehemalige Kloster einiges zu bieten. Vor allem natürlich seine traumhafte Lage mit ebensolchem Ausblick. Der stille Garten mit seinem geheimnisvoll wirkenden Grundriss eines byzantinischen Kreuzes ist ein Ort zum Träumen. Hier wäre es gar nicht peinlich, sich an einem Gedicht zu versuchen oder die fantastischen Lichtstimmungen in einem Aquarell festzuhalten.

Ein gotischer Kreuzgang aus Palma

Miramar wurde 1276 von dem Mystiker und Philosophen Ramon Llull als Klosterschule gegründet. In dieser Abgeschiedenheit unterwies er 13 Franziskanermönche in Arabisch, damit sie ihre Missionsarbeit in Nordafrika erfolgreich angehen konnten. Llull, der große Gelehrte Mallorcas, schrieb an diesem Ort das Buch *Blanquerna*, das als frühestes literarisches Werk in katalanischer Sprache gilt. Seine Hauptperson, Blanquerna, weigert sich, Papst zu werden, um stattdessen das Leben eines Eremiten zu führen. Nachdem das Kloster 1295 von den Lullisten zunächst aufgegeben wurde, zogen andere Orden in die Anlage. Dass dieser abgelegene Ort zumindest in früheren Jahrhunderten vielen anderen weit voraus war, zeigt

sich auch daran, dass bereits 1485 in den alten Gemäuern eine Druckmaschine aufgestellt wurde, die erste auf Mallorca. Im 16. Jahrhundert wurde das Kloster zu einem Landgut ausgebaut.

Der aristokratische Diogenes

Miramar ist aber nicht nur auf der Landkarte der Llullisten ein wichtiger Hub, wie man im digitalen Zeitalter sagt. Es ist auch ein Knotenpunkt im kleinen grünen Reich des Erzherzogs Ludwig Salvator (1847–1915). Der *arxiduc* hatte sich in die Baleareninsel verliebt, sie wie wohl kaum einer nach ihm studiert und in einem wissenschaftlichen Werk beschrieben (siehe auch S. 56).

An der wilden Costa Nord kaufte er zwischen Valldemossa und Deià Höfe und Ländereien, ließ Wege und Aussichtspunkte anlegen, eine Herberge einrichten und kaufte den angrenzenden Bauern schon mal ihr Land ab, wenn er hörte, dass sie einen alten Olivenbaum oder sonst ein Gehölz schlagen wollten. Das Landgut Miramar erwarb der »aristokratische Diogenes«, wie ihn der Schriftsteller Miguel de Unamuno nennt, im Jahr 1872. Für Unamuno war übrigens Miramar »das Wundervollste, das Mallorca den Augen der Seele und der Seele der Augen zu bieten hat.«

Eine Marienfigur von Kaiserin Sisi

Als der Erzherzog die Immobilie in Traumlage erwarb, ließ er sie restaurieren und dabei Teile des ehemaligen Kreuzgangs des Klosters Santa Margarita aus Palma ins Gebirge schaffen. Im Inneren ist unter anderem ein Modell der Jacht »Nixe II« ausgestellt, mit der Salvator einst seine Forschungsreisen unternahm, außerdem alte Möbel, Bücher und nautische Instrumente. Ein kleinerer Bereich widmet sich Ramon Llull und seiner »Ars Magna«, einer Logik-Maschine, mit der sich der Gelehrte Erkenntnisse über Metaphysik und Religion erhoffte.

Die Kapelle neben dem Haupthaus wurde ebenfalls von Salvator restauriert. In ihr findet sich eine Marienfigur aus Carrara-Marmor. Sisi, Kaiserin Elisabeth von Österreich, hatte sie 1892 ihrem Cousin als Gastgeschenk mitgebracht.

MIRAMAR – »SIEH, DAS MEER«, DER NAME HÄLT, WAS ER VERSPRICHT. DAS EHEMALIGE KLOSTER (UNTEN) HAT ERZHERZOG LUDWIG SALVATOR BEWOHNT, DER AUCH TEILE EINES GOTISCHEN KREUZGANGS (LINKS) AUS PALMA IN DIE BERGWELT VERFRACHTET HAT.

CAPELLA DES PUIG DES VERGER

Oberhalb des Klosters Miramar, an den Hängen des Tramuntana-Gebirges, gibt es nicht nur mehrere Höhlen und Grotten, die in früheren Jahrhunderten von Eremiten genutzt wurden, um fern vom Lärm der Welt ihrem Gott näher zu sein. Versteckt in der wildromantischen Einsamkeit liegt auch eine kleine Kapelle. Die Capella des Puig des Verger ließ Erzherzog Ludwig Salvator im 19. Jahrhundert errichten. Ihr Stil wird in Spanien mozarabisch genannt, will sagen, hier mischen sich christliche und muslimische Baustile. Am besten nimmt man den Waldweg beziehungsweise den Bergpfad, der hinter der Ermita de la Trinitat nach Norden in den Wald führt. Nach etwa 800 Metern geht linker Hand ein Pfad zur kleinen Kapelle ab.

WEITERE INFORMATIONEN

Kloster Miramar, Diseminado Miramar 1, an der Ma-10, Tel. 0034 971 61 60 73, April–Okt. Mo–Sa 9–17, Nov.–März Mo–Sa 10–18 Uhr

PUNTA DE SA FORADADA – LUDWIGS PARADIES

ZU BESUCH BEIM ERZHERZOG IN SON MARROIG

Ein Sonnenuntergang am Roten Meer? Dafür muss man nicht nach Ägypten reisen. Man kann auch zwischen den Kilometersteinen 65 und 66 der mallorquinischen Küstenstraße parken, am Chiringuito Na Foradada ein Getränk bestellen und sich am Mirador neben dem Landgut Son Marroig niederlassen.

Irgendwann zwischen 17.26 (Mitte Dezember) und 21.19 Uhr (Mitte Juni) versinkt die glühende Scheibe im *mar roig,* das diesem Ort wohl zu seinem Namen verholfen hat. 290 Meter weiter unten wird eine schroffe und auf natürliche Weise durchlöcherte Halbinsel vom Wasser umspült: die Punta de sa Foradada. Foradada heißt jedes Felsloch auf Mallorca, doch das 18 Meter große Gesteinsleck da unten ist das berühmteste von allen. Das war es wohl auch, was Erzherzog Ludwig Salvator so an diesem Landstrich faszinierte, dass er ihn 1877 erwarb. Nach der Ausstattung des Herrenhauses von Son Mar Roix de Foradada, wie Son Marroig ursprünglich hieß, mit einer Loggia im Stil der Renaissance und der Renovierung des vom Pech geschwärzten Wachturms, den man im 15. Jahrhundert zum Schutz vor der allgegenwärtigen Piratengefahr errichtet hatte, besaß Ludwig Salvator ein einzigartiges Domizil.

Ludwig ist nur kurz außer Haus

Sein Inneres blieb bis heute weitgehend im Originalzustand erhalten, sodass man glauben könnte, der blaublütige Hausherr sei nur kurz mal abwesend. Die Nachfahren seiner Erben wohnen nach wie vor in dem Gebäude, doch etliche der mit schönen Möbeln, alten Bildern und vielen wertvollen erzher-

zoglichen Erinnerungsstücken ausgestatteten Räume sind seit 1927 öffentlich zugänglich. Das gilt auch für einige Bereiche des zauberhaften Gartens mit seinem viel fotografierten Marmortempelchen, dessen klassizistisches Original im Garten der Villa Durazzo-Pallavicini in Pegli bei Genua steht. Mit dem Ticket für die Hausbesichtigung erwirbt man auch die Genehmigung für die Wanderung durch weite Olivenhaine und felsgespickte Hänge bis zum Meer. »Zur Foradada«, notierte der Erzherzog einmal, »führte ursprünglich nur ein Steig für die Sammler von ›Carritx‹.
Die Familie Cortey erweiterte ihn, damit die im Küstenbereich weidenden Kühe besser entlangziehen konnten. Ich habe Miquel Ripoll und den alten Joan Maria einen neuen Weg anlegen lassen, der nach und nach zur Landstraße geworden ist. Alle konnten nicht glauben, dass dort Fuhrwerke entlangziehen sollten.
Die gleichen, die zuvor lachten, waren die ersten, die mit ihren Handwagen vorbeizogen.«

AUCH WENN DAS BERÜHMTE MARMORTEMPELCHEN (OBEN) ALLE AUFMERKSAMKEIT AUF SICH ZIEHT: DER GARTEN VON SON MARROIG (LINKS) IST MEHR ALS NUR EINEN KURZEN BLICK WERT.

Bergab ins Paradies

Obwohl der volksverbundene und bescheidene Erzherzog mit seiner oft nachlässigen Kleidung Anlass zu so mancher Anekdote gab: Mit Handwagen wird er auf diesem heute noch bestehenden Weg kaum unterwegs gewesen sein. Gerastet hat er jedoch sicher gerne, wohl mit Vorliebe auf einem eigens errichteten Mirador-Türmchen, zu dem steile Stufen hinaufführen. Bei einem Regenguss könnte man sich in der Nähe unter überhängenden Felsen trocken halten – dort formte das Sickerwasser bizarre Formen aus dem Gestein.
Auch unten am Wasser müsste man die Schilderungen des Erzherzogs lesen, die er in einem poetischen Büchlein sammelte: *Somnis d'estiu ran de mar (Sommerträumereien am Meeresufer)* ist eines seiner wenigen Werke, die er in katalanischer Sprache verfasste.
Der Weg endet an der Playola, dem winzigen Kiesstrand an der engsten Stelle der Halbinsel. Wer den 82 Meter hohen, teils seltsam abgerundeten und teils messerscharfen Felsrücken über dem steinernen Nadelöhr ersteigen möchte, muss klettern können – und natürlich völlig schwindelfrei sein.
Viel gemütlicher ist es jedoch, diese nur per pedes oder mit einem Boot erreichbare Landschaftsszenerie von einer der drei Terrassen des kleinen, fast an den Felsen hängenden Restaurants Sa Foradada aus zu genießen. Doch man bedenke dabei stets: Der Wiederaufstieg ist länger und wohl auch schweißtreibender als der unbeschwerte Abstieg in dieses kleine Paradies am Meer!

PAELLA FÜR PIRATEN

Seit 40 Jahren lockt das Restaurant Sa Foradada, das nur zu Fuß oder per Boot erreicht werden kann, mit seiner Paella. In dieser Kreuzung aus Bar und Berghütte köchelt sie über einer offenen, mit Kiefernholz geheizten Feuerstelle – mit viel frischem Fleisch und Fisch, mit Meeresfrüchten und einer stundenlang angesetzten Brühe. Das imponierte sogar dem New Yorker Künstler, Fotografen und Blogger Todd Selby (https://theselby.com), der es als einziges Restaurant Spaniens in seinem 2012 erschienenen Buch *Edible Selby* vorstellte. Geschmeckt hat's hier aber auch schon ganzen »Piraten-Reisegruppen«, dem Schauspieler Michael Douglas (der seine Ferien lange Zeit quasi ums Eck in der einst erzherzoglichen Villa Estaca verbrachte) oder dem mallorquinischen Tennisstar Rafael Nadal.

WEITERE INFORMATIONEN

Restaurant Sa Foradada,
Tel. 0034 616 08 74 99
Son Marroig, www.sonmarroig.com

WENN ES AM ABEND AUF SON MARROIG STILL WIRD, ENTFALTET SICH DER GANZE REIZ DIESES EINMALIGEN ORTES ÜBER DER NORDWESTKÜSTE.

17

DEIÀ – DICHTUNG UND MEER

ZUM APERITIF IM KÜNSTLERDORF

Man könnte sagen, Deià ist der bekannteste »Secret Place« der Insel, und das schon seit 100 Jahren. Das Künstlerdorf ist der ewige Geheimtipp, schön wie im Bilderbuch, international bestens bekannt und gut besucht. Das macht nichts, denn die Wahrscheinlichkeit für glückliche Momente ist hier besonders hoch.

Der Maler Santiago Rusiñol der im frühen 20. Jahrhundert wie einige andere Künstler auch an die wilde Tramuntana-Küste reiste, berichtete, dass in Deià »ein Fremder nicht geachtet und nicht respektiert wird, wenn er sich nicht durch eine exotische Besonderheit auszeichnet«. Das Zitat stammt aus dem Jahr 1921, genauer gesagt, aus dem Buch *L'Illa de la Calma*, auf Deutsch *Die Insel der Ruhe*, das in jenem Jahr erschienen war. Mitreisende Landsleute brauchen in Deià also keine Sorge zu haben, dass ihre Andersartigkeit, wie auch immer die sich äußern mag, irgendwen überraschen oder verstören könnte. Man könnte sogar sagen, mit einem sympathischen Spleen bekundet man der Dorfschönheit an der Costa Nord seine Hochachtung. Wäre doch viel zu schade, diese Dorftradition nur als Anekdote in Reisebüchern weiterzuerzählen.

Und alle, alle kamen

Die Fremden, von denen Rusiñol schreibt, taten dies, indem sie mit Staffelei und Pinsel durch die Landschaft kraxelten oder den Sonnenuntergang in der Bucht von Deià wie ein gelungenes Schauspiel beklatschten. Die wildromantische Tramuntana-Küste mit ihren Felsen, den knorrigen Bäumen und dem tiefblauen Meer lockte die Maler seit dem frühen 20. Jahrhundert in den Nordwesten. Später wurden Schriftsteller, Schauspieler und Musiker wie Ava Gardner, Gabriel García Márquez, Anaïs Nin, Julio Cortázar, Anthony Burgess, Alec Guinness, Peter Ustinov, Djuna Barnes und viele andere gesichtet. Sie kamen nicht einfach so – sie wussten, dort lebt einer von ihnen, nämlich Robert Graves. Der Dichter und Schriftsteller hatte bereits 1929 seinen Traumort gefunden.

Ein unbekanntes Paradies

Graves, im deutschen Sprachraum besser bekannt als Robert von Ranke-Graves, lebte von 1929 bis zu seinem Tod im Jahr 1985 fast durchgängig in Deià. Die Anregung, die Mittelmeerinsel einmal zu besuchen, kam von Gertrude Stein. »Mallorca ist ein Paradies, wenn du das aushalten kannst«, soll sie dem jungen Engländer in den 1920er-Jahren in Paris gesagt haben. Graves folgte ihrem Rat, reiste nach Mallorca und fand seinen Sehnsuchtsort. 1932 baute er sich am Ortseingang in Richtung Sóller ein Haus. Heute ist es ein Museum (siehe unten).

Nun ist es aber keineswegs so, dass Deià einen Grave-Mythos inszenieren müsste. Dazu ist das Dorf viel zu reich an bunten Geschichten und Persönlichkeiten. Hier wurden seichte und spannende Fernsehserien gedreht, also von *Hotel Paradiso* in den 1990er-Jahren bis *The Night Manager* im Jahr 2016. Und hierher lockte der britische Milliardär und Virgin-Gründer Richard Branson die Welt der Reichen und Schönen, genauer gesagt, ins Hotel La Residencia, das ihm bis 2002 gehörte.

All das mag einem durch den Kopf gehen, wenn man bei einem kleinen Dorfspaziergang die Església Sant Joan Baptista erreicht und auf dem schönsten Friedhof der Insel von einer heiteren Gelassenheit erfüllt wird. Dieses Gefühl, das Leben nicht zu wichtig zu nehmen und zugleich den Augenblick zu schätzen, ihn zu feiern – ist dies nicht eine Aufforderung, auf ein Glas Weißwein im Ca's Patró March in der Bucht von Deià einzukehren oder einen Dry Martini auf der Hotelterrasse des La Residencia zu genießen?

DEIÀ IST AUCH EIN ORT DER ROMANTISCH-LUXURIÖSEN HOTELS WIE DAS SA PEDRISSA AGROTURISME FINCA HOTEL. PERFEKT FÜR EINEN ENTSPANNTEN SUNDOWNER SIND DIE TERRASSE DES HOTEL LA RESIDENCIA UND DAS STRANDLOKAL CA'S PATRÓ MARCH.

ROBERT-GRAVES-MUSEUM

Das Haus des Dichters Robert Graves steht am Ortsausgang in Richtung Sóller. Wegen seiner Lage wurde es von den Dorfbewohnern Ca n'Alluny genannt, das abgelegene Haus. Hier schrieb Graves seine bekanntesten Bücher, wie *Ich, Claudius, Kaiser und Gott* oder *Die weiße Göttin*. Mittlerweile ist das Haus ein Museum, und wie bei allen Dichterhäusern ist das Arbeitszimmer am interessantesten. Der abgedunkelte Raum mit den häufig geänderten und viel korrigierten Manuskriptseiten und der kleinen Kaffeetasse sieht aus, als wäre Don Roberto – so nannten ihn die Dorfbewohner – nur eben hinunter zur Bucht spaziert, um eine Runde zu schwimmen. Zahlreiche Originaldokumente aus der Hand des Künstlers und ein Film lassen auch das alte Mallorca als Insel der Künstler lebendig werden.

WEITERE INFORMATIONEN

Ca's Patró March, Cala Deià,
Tel. 0034 971 63 91 37
Belmond La Residencia, Son Canals s/n,
Tel. 0034 971 63 90 11,
www.belmond.com/de/la-residencia-mallorca
La Casa de Robert Graves, Ctra. Sóller 6,
Tel. 0034 971 63 61 85,
www.lacasaderobertgraves.org

DER NORDEN

Wo Mallorca wild und voller Wunder ist

NACH SONNENUNTERGANG
AN DER BUCHT VON SA CALOBRA.

18

COVA DE MULETA UND PUNTA DE SÓLLER – WILDE KLIPPEN

ORKUS HINTERM OLIVENHAIN

Vor Bären oder Säbelzahntigern mussten sich die ersten Bewohner Mallorcas nicht fürchten. Das Wildeste, was ihnen vor die Steinschleuder kam, war der *Myotragus balearicus.* Doch schon um 1800 v.Chr. dürften sie die letzten dieser Wildziegen gegrillt haben.

Knochen der so frühzeitig ausgerotteten »Mausziege«, aber auch die ältesten menschlichen Spuren auf Mallorca fand man im Gebiet von Muleta. Das beginnt neben einem bekannten Feinschmeckerrestaurant: Im Béns d'Avall speist man auf einer der schönsten Terrassen über der Costa Nord. Doch auf dem Weg zur nahen Cova de Muleta kämpft man schon gegen Dornen und Dissgras. In einer seltsamen Felskuppe klafft ein Schacht wie ein überdimensionierter Schornstein. Dort stürzten immer wieder Exemplare jener Art hinein, die DNA-Analysen zufolge schon vor etwa 5,35 Millionen Jahren durch das damals trockene Meeresbecken kam. Aus den Knochen, die der Archäologe William H. Waldren (1924–2003) in der Tiefe entdeckte, ließ sich der *Myotragus* rekonstruieren: Er war klein und eher plump, aber kräftig, erreichte bis zu 60 Zentimeter Schulterhöhe und wurde bis zu 70 Kilo schwer. Er besaß kurze, scharfe Hörner und überraschend große untere Schneidezähne. Skelettteile sind im kleinen Archäologischen Museum in Deià zu sehen.

Wild, weit und weglos

Nach Norden erstreckt sich der Muleta-Hügel bis zum Cap Gros über Port de Sóller. Im Süden trägt er die ältesten Olivenhaine der Insel, doch dazwischen zeigt er sich mit Steintürmen und durchlöcherten Felsen sehr urtümlich. Bis zu 150 Meter bricht die Steilküste unter der Punta de Sóller ab; der spektakuläre Felsüberhang der Punta d'en Canet ist tatsächlich wie eine Hundeschnauze geformt. Zwischen vom Wind gezeichneten Kiefern und unwegsamen Mulden schweift der Blick vom Esclop bis zum Puig Major. Was für eine Wildnis!

COLL DE SÓLLER – KURVENGENUSS

DIE ALTERNATIVE FÜR ZEITVERSCHWENDER

Bis 1999 war der Bergpass die einzige Verbindung zwischen dem Tal von Sóller und Palma. Doch dann wurde der Sóller-Tunnel eröffnet und der Pass damit eigentlich überflüssig. Nicht ganz: Seitdem die meisten Autos durch den Berg fahren, ist die kurvenreiche Bergstraße ein Eldorado für Radsportler und automobile Romantiker.

Wenn der Mensch eine Maschine wäre und nur darauf programmiert, zu jeder Zeit möglichst effizient zu handeln, dann wäre dieses Kapitel überflüssig. Denn wer mit dem Mietwagen nach Sóller möchte und aus Palma oder von der Ebene Pla de Mallorca im Inselinneren kommt, fährt bei Bunyola in einen drei Kilometer langen Tunnel und kommt wenige Minuten später im Kessel von Sóller wieder raus.

Der Tunnel ist sinnvoll. Die alte Bergstraße Ma-11A aber ist ein Erlebnis. Es beginnt beim Kreisverkehr bei den Jardins d'Alfàbia, kurz vor der ehemaligen Mautstation des Tunnels. Erst steigt die Straße gemächlich an, oberhalb liegt das herrschaftliche Agroturismo Alfabia Nou, und unterhalb schaut man über die alten Gärten des Alfàbia-Palastes.

Steiles Vergnügen

Dann beginnen die Serpentinen. Der Anstieg zur Passhöhe auf 497 Metern ist für Radsportler eine ebenso anspruchsvolle wie beliebte Herausforderung. Bis zu 17 Prozent Steigung verzeichnet die knapp sieben Kilometer lange Strecke mit den vielen Kurven und Spitzkehren. Anders als die Genussfahrer im Auto haben Fahrradfahrer sich die Rast oben auf der Passhöhe dann also wirklich verdient. Dort wartet das Lokal Dalt de's Coll. Nett ist auch das Restaurant Ca'n Topa, kurz hinter dem Pass, mit einem kleinen Pool zum Abkühlen. Auf der anderen Seite des Berges geht es ins Tal von Sóller, wieder wunderbar kurvenreich. Ein großartiger Grund, seine Zeit zu verschwenden.

20

FORNALUTX – FAST ZU SCHÖN, UM WAHR ZU SEIN

WO DIE ORANGEN BLÜHEN

Die 500-Seelen-Gemeinde im Tal von Sóller wurde schon mehrfach zum schönsten Inseldorf gekürt. In den autofreien Gassen stehen Blumenkübel an Naturstein-Hausfassaden, und alles sieht so malerisch aus, als würde gleich ein mallorquinischer Heimatfilm gedreht. Wer mag, spaziert bei seinem romantischen Landgang noch ins Nachbardorf Biniaraix.

Es sieht aus wie eine Märchenkulisse: Da ist ein weites Kesseltal, auf der einen Seite wird es von hohen, alpin wirkenden Bergen umschlossen, und auf der anderen Seite schwappt das Meer in eine halbmondförmige Bucht, die von Felsen und Leuchttürmen flankiert wird. Im Tal und an den Berghängen wachsen Feigen-, Oliven-, Zitronen- und vor allem Orangenbäume – und, um die Idylle perfekt zu machen, einige Dörfer aus Naturstein tupfen sich in die malerische Szenerie.
Das ist aber kein Märchen, es ist das Bild des Tals von Sóller. Allerdings geschönt, zugegeben, denn was hier herausretuschiert wurde, sind die vielen Häuser und vielen Besucher, die Sóller und den Hafenort Port de Sóller immer mehr belasten. Im oberen Teil des Tales aber, also dort, wo die höchsten Gipfel des Tramuntana-Gebirges nah sind, ist dieses Bild noch intakt, und dort liegen die Dörfer Fornalutx und Biniaraix.

Bemalte Tonziegel

Typisch für die Häuser von Fornalutx waren früher die Dachziegel, von den Bewohnern des Ortes mit religiösen Motiven, Tier- und Dekorornamenten bemalt. Diese *teules pintades* gab es vermutlich seit dem 14. Jahrhundert, aber auch 500 Jahre später war die Tradition noch lebendig. Die Zeichnungen sind meist in roter Farbe und sehr einfach ausgeführt und waren nicht nur als Hausschmuck gedacht, sondern auch als eine Art Abwehrzauber. Sie sollten die Bewohner vor Gefahren oder Krankheiten schützen.
Im Museu de Ca'n Xoroi im Carrer de Sa Font 8 sind einige dieser alten Ziegel und Kacheln zu sehen.

AUTOS MÜSSEN LEIDER DRAUSSEN BLEIBEN. SIE WÜRDEN DIE MALERISCHE IDYLLE VON FORNALUTX NUR STÖREN.

Bei dem historischen Gebäudekomplex, in dem neben dem Museum auch die Gemeindeverwaltung untergebracht ist, findet sich auch noch ein altes Waschhaus.
Bis auf einige wenige Straßen müssen Autos in diesem Bergnest außen vor bleiben. Und da auf dem Parkplatz Reisebusse keinen Platz haben, bleibt man vor allzu großem Andrang bewahrt. Man spaziert durch schmale Gassen und wundert sich kein bisschen, dass Fornalutx schon mehrfach als schönstes Dorf Mallorcas ausgezeichnet wurde. Die Plaça d'Espanya ist das Wohnzimmer des Ortes. Hier gibt es ein einfaches Lokal, das vor allem am Abend zum Treffpunkt der internationalen Dorfbevölkerung wird.

Nach Biniaraix

Noch eine Spur ländlicher, ruhiger und kleiner als Fornalutx ist Biniaraix. Wo heute die Häuser Can Det und Can Ribera stehen, befand sich im frühen Mittelalter ein Landgut, das von den muslimischen Eroberern und »Entwicklungshelfern« für den Gartenbau errichtet wurde.
Durch Biniaraix verläuft der alte Pilgerweg zum Kloster Lluc, der für Wanderer ein echtes Highlight ist, auch wenn man »nur« bis zum Mirador Xim Quesada steigt. Bis zu diesem Aussichtspunkt aber müssen fast 1000 Höhenmeter bewältigt werden. Dass sich der Aufstieg dennoch einigermaßen entspannt gestaltet, liegt an seiner Länge: Er verteilt sich auf sieben Kilometer, und die sind dank ungezählter Treppenstufen relativ bequem bergan zu gehen. Nach etwa drei Stunden Aufstieg hat man es geschafft. Wie von der Loge einer riesigen Oper schaut man auf das Tal der Orangen, das sich wie eine Weltlandschaft unter einem ausbreitet. Es ist einfach grandios.

CA'N ANTUNA

Port de Sóller wird immer hipper und cooler. Wer das nicht so gut findet und eine zeitgeistfreie Lokalität sucht, darf sich freuen. In diesem familiär geführten Restaurant am oberen Ortsausgang von Fornalutx werden noch die klassischen Werte mallorquinischer Küche hochgehalten. Hier speist man deftig, es gibt großzügige Portionen zu recht günstigen Preisen. Das allein wäre schon einen Tipp wert. Und wenn man dann noch einen Platz auf der lauschigen Terrasse zwischen Feigen- und Olivenbäumen erwischt hat und der Blick über das wunderbare Tal wandert ... Am Wochenende ist es auf jeden Fall sinnvoll, einen Tisch zu reservieren. Zeitgeistfreie Lokale scheinen im Trend zu liegen.

WEITERE INFORMATIONEN

Museu de Ca'n Xoroi, C/de Sa Font 8,
Fr, Sa 10.30–13.30 Uhr
Rundweg Pobles de la Vall,
von Fornalutx über Biniaraix nach Binibasi
und wieder nach Fornalutx wandern
Restaurante Ca'n Antuna, C/Arbona Colom 8,
Tel. 0034 971 63 30 68

VON CÚBER NACH LLUC – DER SCHNEESAMMLERWEG

SCHNEE VON GESTERN

Als es noch keine Eisschränke gab, kühlten die Mallorquiner Lebensmittel oder Arzneien mit einem Naturprodukt: mit Schnee. Schon im frühen 18. Jahrhundert zauberte man aus der weißen Pracht sogar Speiseeis. Wie? Um das zu erfahren, muss man zu den höchsten Bergen der Insel hinaufwandern.

Dort findet man noch heute ellipsenförmige, bis zu 16 Meter lange, 4 bis 8 Meter tiefe und mit Trockensteinmauern ausgekleidete Gruben: *cases de neu,* Schneehäuser. Die Mauern der meisten dieser Anlagen ragten etwa einen Meter über den Boden hinaus und besaßen an ihrer Schmalseite eine Öffnung, hinter der man auf einer Leiter oder mittels Wandvertiefungen ins Innere hinuntersteigen konnte. An ihrer Längsseite gab es Fenster, durch die man Schnee einfüllen konnte. Mallorcas letztes Schneehaus war bis 1927 in Gebrauch. Mittlerweile sind die meisten dieser eigenartigen Bauten verfallen; manche wurden jedoch wieder renoviert. Dokumente über die *nevaters,* die Schneesammler, gehen bis ins Jahr 1595 zurück. Sie trugen den Schnee im Winter zusammen und stampften ihn in den Gruben zu Eis. Bis zu 100 Tonnen lagerten dort – geschützt unter Asche, Salz, Reisig oder einem Grasdach – bis in den Sommer hinein. Da und dort erleichterten eigens angelegte Terrassen die Arbeit des Sammelns; Trockensteinmauern grenzten die »Erntegebiete« voneinander ab. Neben vielen Schneehäusern standen Hütten für die Arbeiter und deren Werkzeug. In der heißen Jahreszeit transportierte man das kalte Gut Stück für Stück ins Tal hinab – nachts auf dem Rücken von Eseln oder Maultieren, die auf von Mauern gesäumten Wegen dahintrabten, unten ging es in Kutschen weiter. Juan Martorell, genannt Juan de s'Aigo, soll diesen Wirtschaftszweig im 18. Jahrhundert in größerem Stil etabliert haben. Das Café Can Joan de s'Aigo in Palma (Carrer Can Sanç, nahe der Kirche Santa Eulalia) steht noch heute

SCHLAFEN MIT GOTTES GUNST

Als Geheimtipp kann man das Heiligtum Lluc schon lange nicht mehr bezeichnen – es sei denn, man bleibt bis zum Abend: Sind die Reisebusse weg, dann fachsimpeln nur noch die Wanderer in den beiden Restaurants der Anlage, wo klassische mallorquinische Gerichte auf der Speisekarte stehen. 81 einfache Zimmer und 39 Apartments laden auch zu längeren Aufenthalten ein. Erst dann hat man genug Muße, die Gebäude des Komplexes, die auf das frühe 17. Jahrhundert zurückgehen und bei deren Gestaltung später unter anderem der berühmte spanische Architekt Antoni Gaudí beteiligt war, und die Kirche mit der viel verehrten *moreneta* eingehender zu betrachten oder einmal ganz allein auf den kleinen Puig des Misteris mit seinem großen Kreuz hinaufzuspazieren.

WEITERE INFORMATIONEN

Lluc, Aktuelles über www.lluc.net

in der Tradition des »Wasserhannes«. Genießen Sie dort das hervorragende Mandeleis im Gedenken an diese seltsame Profession.

Mauern unter der Massanella

Etliche Relikte des kalten Gewerbes findet man rund um den Puig d'en Galileu, eine 1182 Meter hohe Erhebung im Norden des Massanella-Massivs. Dorthin zu gelangen – das war einst ein Abenteuer. In den Felshängen hingen nur noch Reste von Trockensteinmauern, die den Camí de Ses Voltes abstützten; seine verwachsene, aber noch erstaunlich gut gepflasterte Trasse endete vor einigen eingestürzten Schneegruben. 20 Jahre und etliche Kurse der mallorquinischen Mauerbauerschule später erstrahlen die historischen Bauwerke in neuem Glanz: Die *margers* haben den Weg renoviert; heute ist er ein Teilstück des Fernwanderweges GR 221. Dieser führt vom Cúber-Stausee hinauf zum Coll des Prat, einem 1205 Meter hoch gelegenen Sattel unter den felsigen Nordwestabstürzen des Puig de Massanella. Beim Abstieg zum Coll des Telègraf (auf dem tatsächlich noch Reste einer Telegrafenleitung zu sehen sind) tauchen weitere Gruben der Schneesammler auf. Die schönste davon, die Casa de neu d'en Galileu, verbirgt sich im Norden des gleichnamigen, lang gezogenen Gras- und Felsrückens, dem alle (Weit-)Wanderer einen kurzen Abstecher widmen sollten: Der Panoramablick von seinem Ostgipfel umfasst die mehr als drei Kilometer lange Wand des Puig de Massanella ebenso wie den Puig Major.

Wanderziel Wallfahrtskirche

Der wiedererweckte Schneesammlerweg führt schließlich mit Blick zum Torrent de Pareis, der längsten Schlucht der Insel, nach Lluc hinunter. Nur wenige Bauernhöfe gibt es dort in Escorca, einer Gemeinde ohne Dorf, die sich jedoch auf göttlichen Beistand verlassen kann: Das Verwaltungspersonal arbeitet in einem Trakt des Monestir de Lluc. *Lucus* – das lateinische Wort erinnert an einen »heiligen Hain«. Und in der Tat umgibt ein riesiges Waldgebiet das wichtigste Heiligtum (und eines der meistbesuchten Ausflugsziele) Mallorcas.

BAUWERKE IM BERGLAND: DAS HEILIGTUM LLUC (LINKS, RECHTS EIN BLICK IN DIE KUPPEL DER KIRCHE) IST WESENTLICH BEKANNTER ALS DIE RUINEN DER SCHNEEHÄUSER (OBEN).

22

PENYAL DES MIGDIA – DAS DACH DER INSEL

NICHTS FÜR SCHWACHE NERVEN

Ein Ruck, die Gondel schaukelt und schwebt. Langsam nähert sie sich schroffen Wänden, die Seilbahnaufhängung rattert über eine Stütze. An der Oberkante der Felsen verlangsamt sich die Fahrt. Nach dem Stopp in der Bergstation, 1416 Meter über dem Meer, liegt den Besuchern fast ganz Mallorca zu Füßen.

Gibt's nicht? Stimmt – hätte aber sein können! 1932 wollte man betuchten Urlaubern etwas Besonderes bieten: eine zwei Kilometer lange Seilbahn auf den Puig Major, Mallorcas höchsten Berg. Der Spanische Bürgerkrieg vereitelte den ehrgeizigen Plan des italienischen Bauingenieurs Antonio Parietti (der später immerhin die berühmte Bergstraße nach Sa Calobra verwirklichen konnte). Erschlossen wurde der Gipfel trotzdem – allerdings durch die NATO. Zehn Meter der Spitze sprengte man 1958 in die Luft, dann wurden Radarantennen zur Überwachung des Mittelmeerraumes aufgestellt. Die Gipfelstation ist durch eine schmale, für Normalsterbliche gesperrte Asphaltstraße mit dem Base Militar oberhalb des Cúber-Stausees verbunden.

Des Majors kleinere Brüder

Unberührt blieben die Vorgipfel des Massivs – etwa die Felsburg des Penyal des Migdia, die das Tal von Sóller souverän beherrscht. Unter ihren rötlichen Felsabstürzen, in der schattigen Coma d'en Arbona, gingen einst Schneesammler ihrem Gewerbe nach (siehe Kapitel 21). Ihren Weg nutzten auch die ersten Bergsteiger: »Am besten verlässt man Sòller abends gegen 11 Uhr und sucht sich zur Besteigung eine mondhelle, klare Nacht aus«, empfahl ein Reisebuch von 1930. »Es ist aber selbst in klarer Nacht schwierig, im Walde nicht vom Wege abzukommen, und es empfiehlt sich daher, einen Führer zu nehmen.« Das gilt bis heute, denn der Aufstieg ist nichts für schwache Nerven.

Hand am Fels

Die Südwand des Penyal des Migdia und die Nordwestabstürze der Serra de Son Torrella bilden einen wahren Felszirkus, in dem jedoch immer wieder Gestein in die Tiefe kracht. Die untere der beiden *cases de neu* (Schneehäuser) »klebt« direkt unter der Wand, über die ein riesiger Efeu wächst. Über dem Coll de sa Coma de n'Arbona, einem 1189 Meter hoch gelegenen Aussichtsplatz, meint man senkrecht über der Coma de n'Arbona zu klettern. Von der Gratschneide fliegt der Blick über das Karstgelände um die Fincas Bini Gran und Bini Petit zur Cala Tuent, zum Cúber-Stausee und zu den Gipfeln der Tramuntana. Der Mittelgipfel des Penyal des Migdia trägt ein kleines, verbogenes Metallkreuz. Ein kurzes Stück weiter oben stoppt man auf 1398 Metern Seehöhe, direkt vis-à-vis dem Hauptgipfel. Dabei handelt es sich eigentlich um die Serra de Son Torrella, deren höchsten Punkt man als Puig Major de Son Torrella bezeichnete. Mallorquinische Bergsteiger unternehmen dort atemberaubende Klettertouren, oft im Winter, wenn der Schnee geradezu hochalpine Verhältnisse übers Mittelmeer zaubert.

Schön haben es die Frühaufsteher der 1930er-Jahre nach ihrem sechsstündigen Aufstieg erlebt: »Von dem Gipfel aus, einer kleinen Plattform, hat man jetzt bei aufgehender Sonne die ganze Insel Mallorca vor sich liegen wie eine Reliefkarte mit den Küsten und dem weiten Meer, ein unvergesslicher Anblick ...« Unvergesslich blieb manchen Bergsteigern wohl auch der Abstieg durch die Nordflanke – er ist technisch etwas einfacher, aber kaum zu finden. Die darunter gelegene Mulde bricht senkrecht ab – wer den Durchstieg nicht kennt, hat plötzlich viel Luft vor den Schuhspitzen. Fazit: Die Tour auf den Penyal des Migdia ist gefährlich, für absolut schwindelfreie und klettergewandte Mallorcafreunde aber, wie schon im alten Reisebuch steht, »zweifellos das größte Erlebnis«.

SCHON BEIM AUFSTIEG ZUM GIPFEL GENIESST MAN EINE GRANDIOSE AUSSICHT – ETWA ÜBER DEN PUIG DE SES VINYES ZUM PUIG DE MASSANELLA (LINKS).

SICHER BERGSTEIGEN

Die beste Versicherung im Gebirge bieten professionelle Guides – so wie Jaume Tort und Aina Escrivà, die seit 1989 Wandergruppen durch Mallorcas Berge führen, auch auf Abenteuerrouten und bei mehrtägigen Überschreitungen. Der studierte Pharmazeut Jaume Tort Sagues, Jahrgang 1961, arbeitete ursprünglich als Apotheker, bis er schließlich »professioneller Fußgänger« wurde – als staatlich geprüfter Natur- und Kulturwanderführer, als polyglotter Tourenguide für private Gruppen, als Kartograf und Wanderbuchautor, als Fotograf. Auch seine Partnerin Aina war viele Jahre lang für große Outdoor-Reiseanbieter tätig. Als Insider kennen die beiden alle Gipfel und Wanderpfade. Besonders gern zeigen sie ihren Gästen »ihr« Mallorca – und wie einsam und naturbelassen die Insel ist.

WEITERE INFORMATIONEN

Geführte Wanderungen,
mit Jaume Tort und Aina Escrivà,
Aktuelles unter
www.camins-mallorca.info

TORRENT DE PAREIS – MALLORCAS GRAND CANYON

AUF ABENTEUERLICHEN WEGEN

Grassos estrenyeu-vos, »Dicke, macht euch dünn«: Diesen schönen Namen trägt eine der vielen Engstellen im drei Kilometer langen und bis zu 300 Meter tief eingeschnittenen Torrent de Pareis. Gibt es ein besseres Motto für einen Vorstoß in Mallorcas größte Schlucht?

Wo hohe Berge stehen, gibt es auch tiefe Täler. Es ist also kein Wunder, dass im zentralen Gebirgsbereich der Serra de Tramuntana um den Puig Major, den Puig de Massanella und den Puig Tomir wilde *torrents*, Schluchten, entstanden sind – durch Bäche, die schon vor Jahrmillionen über Wasserfälle ins Meer stürzten. Sie schnitten sich landeinwärts immer tiefer ins Gestein, bis enge Cañons zurückblieben, so als hätte ein Riese mit einem Schwert Kerben ins Gebirge geschlagen. Geologen sind prosaischer und nennen das »rückschreitende Erosion«. Dazu kommt die Verkarstung: Dieser chemische Lösungsvorgang (Korrosion) des an sich unlöslichen Kalkgesteins setzt ein, wenn Kohlendioxid aus der Luft ins Niederschlags- und Schmelzwasser diffundiert und Kohlensäure bildet. So entstehen Verwitterungsformen wie messerscharfe Karren (Schratten), trichterförmige Dolinen, schachtartige Schlünde und unterirdische Hohlräume, in denen sich das gelöste Material wieder als Sinter (Tropfsteine) ablagern kann. Beim Einsturz solcher Gewölbe werden mitunter Felslöcher und Höhlen freigelegt, wie man sie auch im Torrent de Pareis überall findet.

Einst gefürchtet, heute geschützt

Eine dieser Schluchthöhlen steht mit einer wunderlichen Legende in Verbindung: Einst soll ein Deserteur dorthin geflüchtet und fortan als »Wolfsmensch« in dieser Wildnis gelebt haben. Die Bauern fürchteten diese zerlumpte Gestalt, die oft unvermittelt auftauchte, um Lebensmittel und Obst zu stehlen. Noch heute sagt man auf Mallorca von einem seltsamen oder unbeholfen wirkenden Menschen, er gleiche dem *pareix es soldat pelut*, dem haarigen Soldaten, und auch die Cova des Soldat Pelut erinnert bis heute an diese Geschichte. Doch auch naturkundlich ist der Schlund hochinteressant, denn zwischen seinen Wänden konnte sich aufgrund der geringen Sonnenscheindauer und der hohen Luftfeuchtigkeit eine einzigartige Flora und Fauna entwickeln: Gute Gründe für die Inselregierung, die Felskluft zwischen Lluc und Sa Calobra samt ihrer verkarsteten Umgebung zum Monument Natural zu erklären.

Nichts für Anfänger!

Es ist allerdings nicht ganz einfach, dorthin vorzudringen. Die Durchquerung des Torrent de Pareis zählt trotz ihres Bekanntheitsgrades zu den gefährlichsten Touren auf der Insel. In der Schlucht sind etwa 650 Höhenmeter und etliche kurze Kletterpassagen zu überwinden; das erfordert strapazierfähige Nerven, denn das glattgescheuerte und oft sehr rutschige Gestein bietet kaum Möglichkeiten zum Festhalten. Die Länge und die durchgehenden Anforderungen der Tour werden immer wieder unterschätzt; Jahr für Jahr gibt es tragische Unfälle. Im Winter tost oft Wildwasser durchs Bachbett, da wird der Torrent zur anspruchsvollen Canyoning-Tour. Wer trocken bleiben möchte, sollte zwischen Mai und September starten, und auch da erst zehn Tage nach Regenfällen und natürlich nur bei stabilem Schönwetter. Hat man Pech, muss man trotzdem durch knietiefes Wasser waten oder eiskalte Gumpen durchschwimmen. Es schadet also nicht, ein kurzes Seil und einen wasserfesten Beutel in den Rucksack zu packen. Man vergisst auch leicht, genug zu trinken mitzunehmen – und dass das Handy zwischen den hochhaushohen Wänden nicht funktioniert.

Die meisten durchqueren den Torrent de Pareis in etwa fünf Stunden von oben nach unten. Der Nachteil: Man merkt erst mitten in der Schlucht, ob sie Wasser führt – doch ist man einmal über die obersten Felsblöcke hinabgerutscht, dann gibt's meist keine Umkehr mehr. Kenner empfehlen daher, von der Schluchtmündung zwischen Port de sa Calobra und der merkwürdig geformten Halbinsel Morro de sa Vaca (»Kuhmaul«) aufzusteigen – das ist einfacher und sicherer, weil der Wasserstand der Tümpel schon beim Start über die weitere Zugänglichkeit Auskunft gibt; man ist jedoch deutlich länger unterwegs.

Schluchterlebnis light

Man kann natürlich auch bloß eine »Schnuppertour« in den unteren Schluchtbereich unternehmen, bis zur Tropfquelle der Font des Degotís oder soweit es Mut und Klettergeschick eben zulassen. Beides braucht's auch für die noch eindrucksvollere »Kurzvisite« in den oberen Schluchtbereich, der mit einem gut einstündigen Abstieg vom Restaurant Escorca an der Küstenstraße Ma-10 beginnt. Von der Hinweistafel, die dort über die zu erwartenden Gefahren informiert, führt ein unmarkierter Pfad ins freie Felsgelände. Nicht versäumen: Links, etwas versteckt, bildet eine natürliche Felsbrücke einen tollen Rahmen für die weltentlegene Gras-, Berg- und Karstlandschaft um den Puig Roig. Dort wurde einst geschmuggelt, was das Zeug hielt. Als Gegenwehr baute die Obrigkeit das Quartier de Carabiners, eine Polizeikaserne;

NATUR-KUNST IM TORRENT DE PAREIS: EIN FELSBOGEN BEIM ABSTIEG (LINKS) UND EIN STEINDACH UNTEN IN DER SCHLUCHT.

MALLORCAS WILDESTER TORRENT ERSCHEINT WIE EINE KERBE IM GESTEIN. DURCH EINEN KÜNSTLICHEN TUNNEL (NICHT MEHR GANZ SO »GEHEIM«) KOMMT MAN VON UNTEN IN DIE SCHLUCHT (LINKS).

ihre renovierten Mauern leuchten über den Graben herüber, und auch das benachbarte Höhlenhaus Cosconar ist gut zu erkennen.
Danach geht's im Zickzack in den Torrent de Lluc hinunter. Sich dabei die Gegend immer wieder in der Rückschau einzuprägen, minimiert Orientierungsprobleme beim eineinhalb Stunden langen Wiederaufstieg.

Sa Fosca, die wilde Finsternis

Der Torrent de Pareis beginnt im Felsschlund des Entreforc, unter 300 Meter hohen Wänden und mit riesigen, teils aalglatt geschliffenen Steinblöcken im Bachbett. Dort mündet der Torrent de Lluc in den Torrent des Gorg Blau, der links zu einem kurzen, aber sehr spannenden Abstecher einlädt: in die Engstelle Sa Fosca. Ein paar rutschige, von feinem Moos überzogene Gesteinsstufen sind dort zu erklimmen, dann steht man in der Finsternis: Nichts anderes bedeutet der Name dieser höhlenartigen Klamm, in die kein Sonnenstrahl mehr eindringt. Natürlich hat auch Erzherzog Ludwig Salvator dieses unglaubliche Naturwunder bewundert und in seiner Monografie der Balearen gewürdigt. »Dann folgt ein ebener Seiteneingang zwischen den steilen aneinandergerückten Felsenwänden; hier herrscht ein kühler Luftzug. Nun berühren die hohen Wände einander und lassen nur eine schmale Schlucht zwischen sich, wo zwei Felsen herabgestürzt und oben stecken geblieben sind. Es ist eine der wildesten Scenerien, die man sich denken kann.«

DIE TÜRME ÜBER TUENT
Die ruhigere Nachbarin des oft vor Bus-, Mietauto- und Schiffstouristen überquellenden Port de sa Calobra ist die westlich benachbarte Cala Tuent, in der auch ein Restaurant zur Einkehr einlädt. Überragt wird der landschaftlich sehr schöne Kiesstrand am Fuß des Felsgebirges um den Puig Major von zwei Hügeln, auf denen einst Wachtürme erbaut wurden. Von der Torre des Forta auf der Westseite sind nur Mauerreste übrig, der Zugang vom Coll de na Polla ist zwar kurz, aber weglos und verwachsen. Ein guter, wenngleich auch steiler Pfad führt dagegen vom alten Kirchlein am Coll de Sant Llorenç zur östlich auf 472 Metern Seehöhe gelegenen Torre de sa Mola de Tuent hinauf. Tolle Aussicht, 45 Minuten Gehzeit.

WEITERE INFORMATIONEN
Torrent de Pareis,
Aktuelles über www.torrentdepareis.info

24

TOSSALS VERDS – MALLORCAS »LAKE DISTRICT«

ZU FRISCHEN QUELLEN UND TIEFEN SEEN

Wenn der Brunnen trocken ist, schätzt man erst das Wasser – das wussten die Araber, die zwischen dem 10. und dem 13. Jahrhundert über Mallorca herrschten, nur zu gut. Berber, die aus der Wüste kamen, sollen die ersten Bewässerungsanlagen auf der Insel ersonnen haben.

Trinkwasser ist auf Mallorca bis heute kein selbstverständliches Gut: Der Verbrauch steigt, der Grundwasserspiegel sinkt wegen zu großer Förderung; einsickerndes Meerwasser treibt den Salzgehalt über die Grenzwerte der Weltgesundheitsorganisation. Da ist das quellfrische Gebirgswasser, das am Fuß des Puig de Massanella aus dem Boden sprudelt, schon etwas anderes! Anno 1750 gelang Monserrat Fontanet, einem Bediensteten des Anwesens Massanella nahe dem Dorf Mancor de la Vall, die Fassung dieser Quelle und die Konstruktion einer sieben Kilometer langen Wasserleitung – ein technisches Wunderwerk jener Zeit, denn es führt über eine Schlucht ins Nachbartal. Die spektakulärste Passage der Canaleta de Massanella, ein Aquädukt auf hohen *arcs* (Steinbögen) direkt vor einer Felswand, liegt nahe dem Fernweg GR 221, der zum Refugi des Tossals Verds führt.

Von Quelle zu Quelle

Die Wanderung dorthin beginnt ebenfalls bei einer Quelle, und zwar bei der Font des Noguer über dem Embassament de Cúber. Dieser Gebirgsstausee wurde Anfang der 1970er-Jahre für die Trinkwasserversorgung der Stadt Palma angelegt; ist er nach kräftigen Regenfällen voll, dann birgt er 4,64 Millionen Kubikmeter des kostbaren Guts. Wenige Schritte nach dem Start steht man vor einer Betonrinne, in der Wasser aus dem östlich benachbarten, noch etwas größeren Stausee Gorg Blau heranplätschert. Er liegt 150 Meter tiefer, daher muss das Wasser heraufgepumpt werden, bevor es fünf Kilometer durch die Abhänge der Serra des Teixos und des Puig de sa Font fließt. Diese Wasservorräte reichen für 58 Sommertage, doch oft genug sind die Becken im knochen-

trockenen Felsgebiet unter dem Puig Major fast leer. Jenseits des 808 Meter hoch gelegenen Coll des Colom befindet sich die vergitterte Quellfassung der Font des Prat (oder Font de Massanella, wie über dem Torbogen zu lesen ist). Dort beginnt jene Kunststoffleitung, die über dem Torrent des Prat auf einer hohen Trockensteinmauer verläuft und durch einen Felstunnel geführt wird. Leider bröckelt die Konstruktion da und dort schon bedenklich. Doch auch auf dem Weg Richtung Refugi des Tossals Verds entdeckt man Relikte historischer Wassernutzung, nämlich die Reste einer Wassermühle und den Pou de sa Bassola, einen gemauerten Brunnen in der Nähe der verfallenen Cases Velles de Tossals.

Wanderhütte und Wassertunnels

Zu diesem Anwesen gehörte auch jenes Haus, das im 19. Jahrhundert auf 525 Metern Seehöhe im Süden der Tossals Verds errichtet wurde. Seit seiner Renovierung (1986) ist es die älteste Wanderherberge Mallorcas.
Von dort steigt man zum Torrent d'Almadrà ab. Oberhalb dieser Schlucht wurden fünf Tunnel durch die Felshänge geschlagen und die voluminöse Wasserleitung von der Cúber-Staumauer zur Aufbereitungsanlage im Ort Lloseta verlegt. Die Röhren sind ebenso begehbar wie die viel schmalere und ältere *siquia* (Wasserleitung) für die Finca Solleric, die parallel dazu in schwindelnder Höhe durch die Steilabstürze verläuft. Wer schwindelfrei ist und eine Lichtquelle dabeihat, kann diesen abenteuerlichen »Wasserweg« in eine Rundtour um die Tossals Verds einbauen.

WASSERMANAGEMENT IN DER TRADITION DER ARABER: DIE STAUSEEN DER SERRA DE TRAMUNTANA (UNTEN) SIND DURCH MODERNE WASSERLEITUNGEN VERNETZT (LINKS).

TOSSALS VERDS, DIE HERBERGE IN DEN »GRÜNEN BERGEN«

Es befindet sich zwar nur auf 525 Metern Seehöhe, wirkt aber wie eine alpine Schutzhütte: Das Refugi des Tossals Verds zählt zu den am schönsten gelegenen Unterkünften Mallorcas. Seit 1986 ist das Gebäude am Fuß der Tossals Verds, der »grünen Berge« im Herzen der Serra de Tramuntana, im Besitz des Consell de Mallorca, der es zu einer Wanderherberge umbauen ließ. Der Garten und Teile einer Ölmühle erinnern noch an den einstigen Arbeitsalltag in der Einsamkeit. Heute freuen sich seine Besucher bei einem *pa amb oli* oder einem einfachen Essen (nur nach Vorbestellung!) auf der Terrasse über den Blick zum Burgberg von Alaró und zum Felsklotz des Puig de s'Alcadena. Der kürzeste Zugang vom Parkplatz Clot d'Almadrà (Zufahrt von Lloseta) nimmt etwa eine Stunde Gehzeit in Anspruch.

WEITERE INFORMATIONEN
Refugi des Tossals Verds,
Tel. 0034 971 18 20 27,
Buchungen 0034 971 17 37 00

25

MORTITX – HOCHEBENE MIT GEIERN UND WEIN

SCHLUCHTABENTEUER UND HEXENHÖHLEN

»Gestatten: *Voltor negre,* mit lateinischem Namen *Aegypius monachus* oder in Ihrer Sprache: Mönchsgeier. Wir dürfen Sie in unserem Revier um besondere Rücksicht bitten. Wir zählen zwar zu den größten Vögeln Europas, wären auf Mallorca aber trotzdem beinahe ausgestorben ...«

Die Riesenvögel – sie erreichen ein Gewicht von bis zu zwölf Kilo und Flügelspannweiten von fast drei Metern – kreisen oft über der Hochebene von Mortitx. Ihre dunklen Federhalskrausen erinnern tatsächlich ein wenig an Mönchskutten. Mönchsgeier sehen ausgesprochen gut und fungieren als Gesundheitspolizei, denn sie ernähren sich von Aas, vor allem vom Fleisch verendeter Schafe oder Ziegen. Das wäre ihnen beinahe zum Verhängnis geworden, denn durch Giftköder, ausgelegt gegen Füchse und streunende Katzen, hat man sie gleich mitvergiftet. Mit ihren kräftigen, mehr als sechs Zentimeter langen Schnäbeln zerkleinern sie mühelos Sehnen, Haut und kleine Knochen. Um Kadaver zu finden, legen sie pro Tag bis zu 200 Kilometer zurück, und zwar mithilfe der Thermik: Warmluft, die über sonnenerhitzten Felsplatten aufsteigt, trägt sie bis zu 1000 Meter empor. Heute kreisen wieder 110 Exemplare über den Gipfeln, darunter etliche Paare, die zwischen Februar und August auf Kiefern im Küstengebiet zwischen Sóller und Pollença brüten. Dort sind in dieser Zeit also die meisten Wanderrouten tabu.

Steine und Steppe

Mortitx – das hat Klang in den Ohren von Weinkennern, seit im Norden der 1104 Meter hohen Felskuppe des

Puig Tomir Obstbäume durch Weinreben ersetzt wurden. Das Gebiet, das sich von dort bis zur Costa Nord erstreckt, könnte man als »Mallorca für (sehr) Fortgeschrittene« skizzieren: Es ist ein zerklüfteter Steingarten und ein Labyrinth aus scharfkantigen Karstfelsen, überwuchert von brusthohem Dissgras. Flache Dolinenböden wechseln dort mit steilen Felsabsätzen und geriffeltem Kalkgestein, dazwischen ragen bizarre Formationen wie Kunstwerke heraus. Inmitten dieser einförmigen Miniberge, Klüfte und Trichter braucht man wahrlich ein gutes Orientierungsvermögen.
Zumindest in dieser Hinsicht erweist sich eine Wanderung durch den Torrent de Mortitx als einfacher. Diese Schlucht, die das Gebiet mittendurch teilt, ist meist trocken. Doch ihre 80 Meter hohen Seitenwände, abgeschliffene Steinbrocken und aalglatte Bodenvertiefungen zeigen, was das Wildwasser dort nach kräftigem Regen anrichtet.

FELSSCHLUCHT MIT FLUGÜBERWACHUNG: DER TORRENT DE MORTITX (LINKS) UND EIN AUFMERKSAMER MÖNCHSGEIER (OBEN).

Zur Höhle der Hexen

Am Fuß des Bec d'Oca, des »Entenschnabels«, einer ebenso schlanken wie schiefen Felszinne, beginnt der untere Schluchtabschnitt, den nur furchtlose Bergsteiger mittels »Hangeltechnik« zu überlisten wagen – die Finger in Felsspalten gekrallt, die Schuhsohlen fest gegen schräge, glatte Steinplatten gestemmt und den Hintern weit hinausgestreckt ...
Noch wesentlich unbändiger ist dann der Schluss des Naturwunders, der Torrent Fondo. Er gilt als ein Hotspot der Canyoning-Fans, umgeben von einer einzigartigen, zu Dutzenden Steinspitzen verwitterten Felsumrahmung, die wie ein überdimensionales Nagelbrett wirkt. Vor dem Bec d'Oca öffnet sich ein weltentlegenes Talbecken, das sogar einmal bewohnt war. Die Mauern des ganz einsam gelegenen und natürlich schon längst verlassenen Bauernanwesens von Rafal d'Ariant trotzen unter hohen Felsabbrüchen Wind und Wetter. Ein Hexenhaus? Nein, denn die *bruixes* hausten ganz woanders, nämlich unten am Meer, im Inneren des Felsenbuckels des Musclo de les Cordes, der die Fischer an eine Riesenmuschel erinnerte. Wo seine senkrechte Steilwand aus dem Wasser ragt, kann man auf einen nadelspitzen Felsvorsprung hinausklettern. Erst ganz vorne – nach ungefähr zwei Stunden anstrengender Wildnis-Durchquerung – erblickt man dann die beiden riesigen Halbhöhlen: fast 100 Meter hohe Bogengewölbe, seit Ewigkeiten von sturmgepeitschten Brechern ausgewaschen – eine Kathedrale der Natur!

WEIN IN DER WILDNIS

So könnte man sich den sprichwörtlichen Weinberg des Herrn vorstellen: hoch droben in den Bergen, inmitten einer steinigen Wildnis, in der stets der Wind weht ... Der ist auch eine der Herausforderungen des Vinyes Mortitx, einem kleinen Familienweingut mit 19 Hektar Anbaufläche zwischen Lluc und Pollença. Von den Trauben werden jährlich etwa 100 000 Flaschen Weißwein, Rosé und Rotwein erzeugt. Die bis zu zwei Meter hohen Rebstöcke sind besonders robust und widerstandsfähig genug für die raue Witterung auf 400 Metern Seehöhe; ein Kühlhaus und 30 Edelstahltanks garantieren die optimale Gärung und Lagerung des Weins. Vinyes Mortitx wurde 2001 von einer Gruppe ambitionierter Weinliebhaber gegründet; heute hat die Firma 53 Mitglieder.

WEITERE INFORMATIONEN
Weingut Mortitx,
www.vinyesmortitx.com

26

POLLENÇA – ZEITREISE IM BILD

KÜNSTLERSTADT MIT HIMMELSTREPPE

Die malerische Kleinstadt am Fuß der nördlichen Serra de Tramuntana zieht schon seit mehr als 100 Jahren Künstler und Touristen in ihren Bann. Die stimmungsvolle Altstadt und der Kalvarienberg mit seiner 365 Stufen zählenden Treppe sind bekannte Insel-Highlights. Wer der Spur der Kunst folgt, entgeht dem großen Trubel und kommt dabei der Stadt ganz nah.

Hier hängen in jedem Haus Kunstwerke, aber das hat nichts Elitäres«, erzählte einmal der Kunsthändler der Galerie Bennàssar in Pollença. Das war zu Beginn der 2010er-Jahre und damit nah genug an der Gegenwart, um nicht als nostalgische Erinnerung zu gelten. Der Mann war damals schon weit über 70 Jahre alt, arbeitete aber weiterhin in der Galerie und stellte mallorquinische und internationale Künstler aus. Diese kleine Vorgeschichte will den Mallorca-Reisenden auf eine Fährte führen, die noch immer ein wenig im Schatten liegt, obwohl sie sich meist bunt und im besten Licht zeigt: Es geht um Malerei. Die Spur führt zu schönen Orten, die für das Gros der Besucher bestenfalls Nebenschauplätze sind. So gelangt man schließlich ins Herz der Stadt.

Der Name Bennàssar ist dafür ein guter Anfang. Er führt nicht nur in die gleichnamige Galerie im Carrer d'Antoni Maura 15, sondern besser noch ins Museum Dionís Bennàssar. Das befindet sich in der Hausnummer 14 des Carrer Roca, wo der Künstler sein halbes Leben verbracht und gemalt hat. Dionís Bennàssar (1904–1967) wurde in Pollença geboren. Nach einer Verletzung, die er als Soldat in Marokko erlitten hatte, konnte er seine rechte Hand nicht mehr zum Zeichnen gebrauchen und malte fortan mit der linken.

Eine eigene Malerschule

Wer also glaubt, dass ein Bauernsohn und Kriegsverletzter in einer provinziellen mallorquinischen

ES MUSS NICHT IMMER ÖL AUF LEINWAND SEIN – EIN BILD DAS WIND UND WETTER TROTZEN MUSS, DARF AUCH AUS KLEINEN STEINCHEN BESTEHEN, WIE DAS MOSAIK IM HAFEN VON PORT DE POLLENÇA.

Kleinstadt seine Kunstträume begraben muss, liegt falsch. Pollença hatte sich in den 1910er- und 20er-Jahren zu einem Treffpunkt von Malern entwickelt, die vom Licht und der Landschaft der Tramuntana-Küste begeistert waren. Die bekanntesten waren Hermenegildo Anglada Camarasa, Joaquim Mir, Santiago Rusiñol und Tito Cittadini. Bennàssar und Cittadini ließen sich vom Malstil Anglada Camarasas (1871–1959) beeinflussen. Er war der Mittelpunkt einer lose verbundenen Künstlergruppe, die auch »Escola Pollencina«, also »Schule von Pollença« genannt wird. Im Caixa-Forum und im Es Baluard-Museum in Palma sind Werke von Camarasa zu sehen.

Dionís Bennàssar brauchte einen langen Atem, bis seine Arbeiten endlich anerkannt wurden. 1940 stellte eine Galerie in Palma seine Arbeiten aus. Drei Jahre später hatte sich die finanzielle Situation so weit entspannt, dass er heiraten und ein Haus kaufen konnte – jenes, in dem sich heute das Museum befindet. Oft wird er – beispielsweise bei Wikipedia – nur kurz als »mallorquinischer Kunstmaler« abgetan. Mag sein, dass sein Werk im Kanon der großen Meister eher eine Fußnote ist. Wenn man auf Mallorca ist und sich seine Bilder ansieht, spielt das aber keine Rolle mehr. Dann entwickeln sie ihren besonderen Reiz. Die intensiven Farben glaubt man wiederzuerkennen, obwohl man sie so in der Natur nicht gesehen hat. Im Bild mit dem Dorfplatz und der Kirche im Hintergrund erkennt man plötzlich die malerische Plaça Major von Pollença oder in der gleißenden Bucht mit der kleinen Barke die Cala Sant Vicenç. Und während man an den Gemälden und Zeichnungen entlanggeht, merkt man, dass Millionen von Smartphone-Fotos, die von den Naturschönheiten Mallorcas gemacht werden, nicht mit einem Gemälde oder einer Zeichnung desselben Motivs konkurrieren können.

Alle wollen Treppen steigen

Nach den stillen Ausstellungsräumen wirkt die Straße, die nach dem mallorquinischen Dichter Costa i Llobera benannt ist (der im Kapitel über die Halbinsel Formentor einen kleinen Auftritt hat, siehe S. 88), wie eine Zeitreise zurück in die Gegenwart. Je näher man der Plaça Major kommt, desto voller wird es, desto mehr verschwinden die alteingesessenen Läden und Lokale und werden durch Geschenke- und Dekoshops ersetzt. Aber einige wenige gibt es noch, wie etwa die schnörkellose Tapas-Bar Alhambra – eröffnet im Jahr 1907.

Wenn man in einem älteren Mallorca-Reiseführer das Kapitel über Pollença aufschlägt, wird man dort wahrscheinlich ein Bild mit verkleideten Männern sehen, die Heugabeln, Schwerter oder andere Gerätschaften mit sich herumtragen und dabei ein grimmiges Gesicht machen: *Moros i Cristians*, also »Mauren und Christen« heißt das Spektakel, das auch in einigen anderen Gemeinden Spaniens gepflegt wird. Hintergrund sind die Kämpfe gegen die Piraten, die meist aus Nordafrika kamen und deren Angriffe und

POLLENÇAS BESUCHERMAGNET IST
EINE LANGE TREPPE MIT 365 STUFEN (RECHTS).
WER SICH UMSCHAUT, ENTDECKT ABER
NOCH VIELE ANDERE MALERISCHE ANSICHTEN (LINKS).

Raubzüge im 16. Jahrhundert zu einer regelrechten Plage wurden.

In Pollença werden nicht nur die Piratenkämpfe in einem großen Volksfest zelebriert, sondern auch das sogenannte *Davallament*. Die ideale Bühne dieses Passionsspiels ist der Kalvarienberg. Auf einen Hügel im Rücken der großen Pfarrkirche führt eine lange, gerade Treppe mit 365 Stufen. Auch wenn sie der touristische Magnet der Stadt ist und entsprechend gut besucht, darf man ja mal einen Blick darauf werfen.

Ein Café wie ein Museum

Das gilt auch für das lebendige Herz der Stadt, die Plaça Major. Man muss sie überqueren, um in den Club Pollença zu gelangen und gleich wieder einzutauchen in eine Mischung aus frühem 20. Jahrhundert und Malerei. Im Untergeschoss des Klubs ist ein öffentliches Café untergebracht.

Am besten man bestellt sich einen solchen und tut so, als käme man jeden Tag hierher und wäre nicht sonderlich beeindruckt, dass die Wände voll sind mit Bildern jener Maler, die weiter oben genannt wurden. Der Club Pollença hat sich um die Kunst im Städtchen verdient gemacht. Er hat nicht nur die Gründung des Museu de Pollença im alten Dominikanerkloster initiiert, er lädt auch regelmäßig international bekannte Künstler ein, ein Werk für das Museum zu entwickeln. Zu den Aktivitäten zählt auch der Salón Estival de Pintura (Certamen Internacional de Artes Plásticas). Die prämierten Werke des jährlich stattfindenden Wettbewerbs stellen den Grundstock der Sammlung dar, die darüber hinaus eine kleine Auswahl frühgeschichtlicher Objekte umfasst und ein Mandala, das von buddhistischen Mönchen gefertigt wurde.

Die (subjektiv) schönsten Werke aber sind die bunten, spätimpressionistischen Malereien mallorquinischer Landschaften von Anglada Camarasa, Mir und Bennàssar. Manchmal, wenn es auf der Plaça Major zu voll ist, glaubt man, in ihnen das Herz von Pollença schlagen zu hören.

TEIXITS VICENS

Ob im Hotel, in einer Finca oder einem Museum, irgendwann begegnet man einem Vorhang oder Polsterstoff, der aufgrund seines Musters auf Mallorca »Zungenstoff« *(Roba de Llengües)* genannt wird. Es gibt auf der Insel nur noch ein paar Werkstätten, die den traditionell mallorquinischen Stoff herstellen. Eine von ihnen befindet sich am Kreisverkehr zwischen Pollença und Port de Pollença. Teixits Vicens ist eine Familien-Textilwerkstatt, die 1854 gegründet wurde und sich mit ihren handwerklichen Produkten bis in die Gegenwart halten konnte. Das liegt sicherlich auch daran, dass man nicht nur Meterware fertigt, sondern auch Kissen, Tischwäsche, Handtaschen, Espardrilles und anderes mehr.

WEITERE INFORMATIONEN

Museu Dionís Bennàssar, C/Roca 14, April–Okt. Di–So 10–14 Uhr, www.museudionisbennassar.com

Museu de Pollença, Convent de Sant Domènec, C/Sant Domingo, Juni–Sept. Di–Sa 10–13 und 17.30–20.30 Uhr, Okt.–Mai Di–Sa 10–13 Uhr

Teixits Vicens, Rotonda de Can Berenguer, www.teixitsvicens.com

Pollença und Umgebung, Aktuelles unter www.pollensa.com

PERFEKT FÜR EIN MORGENDLICHES BAD – DIE PLAYA DE FORMENTOR.

27

CALA SANT VICENÇ – BLICK ZUR KÖNIGSBURG

VERSTECKTE WEGE IN DER SERRA DES CORNAVAQUES

Mallorcas Burgen waren nie leicht zu knacken: Wer das Castell Bellver über Palma, das Castell d'Alaró (siehe S. 140) oder das Castell de Santueri bei Felanitx erobern wollte, brauchte einen langen Atem. Das Castell del Rei bei Pollença konnten bislang nicht einmal die Touristen einnehmen.

Die »Burg des Königs« ist auch für Mallorquiner etwas ganz Besonderes. Ihre Mauern verschmelzen fast mit dem 430 Meter hohen Felsklotz, auf dem sie über dem abgeschiedenen Vall de Ternelles im Norden von Pollença stehen. Möglicherweise geht die Festung sogar auf die Römer zurück. Auf jeden Fall bestand sie schon unter den Arabern, und sie war auch deren letzte Zufluchtsstätte nach der Rückeroberung Mallorcas durch König Jaume I von Aragón im Jahr 1229. Angeblich konnten sich die verzweifelten Mauren noch sieben Jahre lang darin verschanzen. Es sollte nicht die letzte Belagerung sein, denn die Burg spielte später eine wichtige Rolle im Kampf zwischen den Getreuen König Jaumes III und Peres IV von Aragón. Im 16. Jahrhundert diente sie als Pestlazarett und zur Überwachung der Küste im Kampf gegen die Piraten; in den Jahren 1536 und 1544 verbarg man die Schätze aus der Pfarrkirche von Pollença hinter ihren Mauern. Ab dem 17. Jahrhundert verfiel das Castell del Rei; die örtlichen Bauern nutzten es als Steinbruch.

Doch selbst als Ruine blieb sie ihrem Beinamen »verbotene Burg« gerecht: Das Vall de Ternelles gehört der Bankiersfamilie March, die den steinernen Burgeingang strikt verschlossen hält. Auch von außen darf man das Gemäuer nur im Rahmen von geführten Wanderungen auf der Talstraße bewundern – nicht zuletzt auch zum Schutz der Mönchsgeier, die in die-

WER DAS CASTELL DEL REI (LINKS) VON DER SERRA DES CORNAVAQUES AUS SEHEN MÖCHTE, STARTET AM STRAND VON CALA SANT VICENÇ (RECHTS).

ser Region leben und brüten. Wer sich nicht zuvor angemeldet hat (www.visitaguiadaternelles.com), steht vergeblich vor dem freundlichen, aber bestimmten Wachmann am Tor der Finca Ternelles.

Belvedere über dem Meer

Geübte Wanderer, die sich auch im weglosen Gebirgsgelände zurechtfinden, haben jedoch noch eine Möglichkeit, sich den mystischen Mauern ein wenig anzunähern: Dazu muss man vom kleinen Ferienort Cala Sant Vicenç den kahlen, etwa fünf Kilometer langen und 545 Meter hohen Kalkstock der Serra des Cornavaques erklimmen. Vom Kreisverkehr über der Cala Barques geht man etwa 100 Meter auf der Avinguda del Cavall Bernat landeinwärts, zweigt rechts auf einen Treppenweg ab und gelangt so zu einem Fahrweg, der 1937 von republikanischen Kriegsgefangenen gebaut wurde. Er führt rechts auf die 214 Meter hohe Anhöhe des Puig de l'Aguila, die eine weite Rundsicht bietet. Sie war auch während des Spanischen Bürgerkriegs von Bedeutung: In den Stollen und Gruben, an denen man hier vorbeikommt, befanden sich Geschütze. Jenseits der Bucht schießen die senkrechten Klippen der Serra del Cavall Bernat aus dem Wasser, dahinter erhebt sich der nicht minder imposante Felsgipfel des Pal. Auch der Name des Hügels kommt nicht von ungefähr: Wer Glück hat, kann hier Seeadler beobachten – oder kreisende Mönchsgeier.
Der Weiterweg über den Pas dels Pescadores (wo einst die Fischer ihre Beute über die Felsen hievten) auf den Gipfel der Serra des Cornavaques ist wahrlich kein Spaziergang, doch er belohnt alle Mühen wie weglose Dissgras-Querungen oder Balancieren auf scharfem Kalkgestein. Vom Rand der nordseitigen Klippen blickt man in die einsame Bucht der Cala Estremer, die von der einzigartig schmalen, 700 Meter langen Felszunge der Punta Galera begrenzt wird. Und jenseits des Val Ternelles, sozusagen auf Augenhöhe der Betrachter, zeigt sich das Castell del Rei.

PRÄHISTORISCHE HÖHLEN
Am vorderen Ortsrand von Cala Sant Vicenç (von der Zufahrtsstraße rechts abzweigen) findet man die Höhlen von Alzinaret – sieben (von ursprünglich 14) Höhlen, die in der mittleren Bronzezeit um 1600 v. Chr. von Menschen aus dem Gestein gehauen wurden. Sie dienten als Grabstätten, zum Teil mit seltsamen Formen und Strukturen wie Ausbuchtungen und halbrunden Nischen. Die Höhle Nummer sieben benannte man nach ihrem Entdecker, dem britischen Archäologen Wilfrid Hemp; sie zeigt noch Reste eines Vorhofs, einen Vorraum, Aussparungen für die Anbringung einer Grabplatte oder für Holzträger zu deren Fixierung, eine zentrale Grube und Seitenregale, auf denen wahrscheinlich Grabbeigaben abgelegt wurden.

WEITERE INFORMATIONEN
Cala Sant Vicenç, Aktuelles über www.pollensa.com/de/platz/besuch/cala-sant-vicenc

28

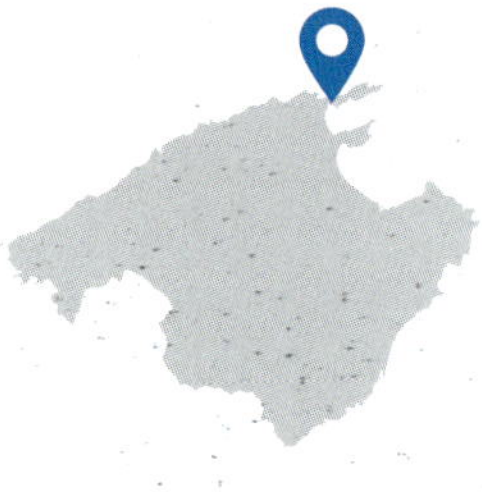

HALBINSEL FORMENTOR – MALLORCAS NORDKAP

EINE STRASSE WIE EIN KUNSTWERK

Die Halbinsel Formentor, die zum gleichnamigen Kap führt, ist Mallorcas nördlichste Spitze. Bevor die Serra de Tramuntana im Meer versinkt, zeigt sie sich noch einmal in ihrer ganzen Schönheit. Es gibt nur ein Problem: Der Andrang ist so groß, dass auf der traumhaften Bergstraße von Juni bis September nur Shuttlebusse fahren dürfen. Da hilft nur eins: früh aufstehen.

Vielleicht steht sie noch, die legendäre »Kiefer von Formentor«. Der Priester und Dichter Miguel Costa i Llobera (1854–1922) hat sie besungen und sich damit um die Identität der Insel verdient gemacht. »Mein Herz liebt einen Baum! Er ist älter als ein Olivenbaum / Stärker als die Eiche, grüner als der Orangenbaum, / Er bewahrt in seinen Nadeln den ewigen Frühling / Und kämpft mit den Winden, die die Küste hinaufsteigen und heulend übers Land ziehen.«

Costa i Llobera kam aus Pollença. Seiner Familie gehörte die Halbinsel Formentor seit dem 17. Jahrhundert. Irgendwo bei Ses Cases Velles stand wahrscheinlich der legendäre Baum, vielleicht auch auf dem Grundstück des Formentor-Hotels, das folglich erst nach dem lyrischen Überschwang des Priesters entstand, allerdings nicht viel später. 1921 erkundete der argentinische Künstler Adán Diel die wilde Halbinsel und verliebte sich in sie. Sieben Jahre später unterzeichnete er den Kaufvertrag für die Ländereien des bis dahin kaum erschlossenen Gebiets. Straße, Strom- und Wasserleitungen mussten gebaut und verlegt werden, damit der Traum vom exklusiven Hotel in exklusiver Lage wahr werden konnte. Eröffnet wurde es im Jahr 1929. Das Hotel Formentor entwickelte sich schnell zu einem Treffpunkt für Intellektuelle, Künstler und

Politiker. Doch als in Spanien der Bürgerkrieg ausbrach, musste Diel aufgeben und ging zurück nach Argentinien.

Schauen und staunen

Auch die Nachfolger taten sich schwer, obwohl das Hotel ab den 1950er-Jahren wieder zu neuem Glanz kam. Am Jachtclub legten die Prinzen von Monaco an, Charlie Chaplin, Audrey Hepburn, Winston Churchill, Helmut Schmidt und der Dalai Lama. Heute kann man die Zimmer über Alltours und Neckermann buchen.

Ob das nun eine erfreuliche Entwicklung ist oder nicht, darüber könnte man zum Beispiel an der Hotelbar eine anregende Diskussion führen. Vielleicht gehen einem diese oder ähnliche Fragen auch durch den Kopf, wenn man sich am frühen Morgen auf der einmalig schönen Panoramastraße in Richtung Ende der Inselwelt bewegt – vielleicht sogar auf dem Rennrad. Wie auch immer, ab 10 Uhr vormittags ist die Straße für den öffentlichen Verkehr gesperrt, bis dahin muss man zurück sein, sonst gibt es ein Knöllchen. Macht nichts, diese Tour ist am frühen Morgen noch intensiver.

Kurven zum Kap

Irgendwann, wenn die Zeit vorbei ist, in der Menschen ihre Autos noch selbst steuerten, wird man sich vielleicht an diesen Morgen erinnern, als man mit einem Kleinwagen mit Lenkung, Gangschaltung und Gaspedal zum Kap Formentor fuhr. Was für ein Gefühl es war, am Mirador es Colomer anzuhalten, der noch vom Morgennebel umweht war und wo man gut 200 Meter in den Abgrund schaute.

Man wird sich an den (noch) unbeleuchteten Tunnel mit seinen rohen Felswänden erinnern, an Kurven durch grandiose Landschaften und eine dünne Holzstange als Schutz vor dem Nichts. Man wird sich an den fast leeren Parkplatz am Cap de Formentor erinnern und den Wind, der einem auf dem 380 Meter hohen Felsen, auf dem der Leuchtturm steht, um die Ohren pfiff. Vielleicht wird es so sein. Positiv ist trotzdem, dass der Trockensteinweg, der Camí Vell de Formentor, wieder hergerichtet werden soll. Der Vorteil einer Wanderung: Man kann sich mehr auf die Pflanzenwelt einlassen und nach der Kiefer von Formentor Ausschau halten.

WILDES FINALE – DAS KAP FORMENTOR IST MALLORCAS NÖRDLICHSTER PUNKT.

CALA FIGUERA

Wild wie die Landschaft ist auch das Meer an Mallorcas nördlichstem Punkt, zumindest an der offenen Nordwestküste. Dort liegt, dennoch einigermaßen geschützt, ein schöner Naturstrand. Viel Kies und ein wenig Sand machen den Strand der Cala Figuera aus und oft auch ein Berg trockenen Seegrases. Das Wasser ist klar und kühler als auf der anderen Seite der Halbinsel, gut geeignet, um schnorchelnd die Unterwasserwelt zu erkunden. Um an den Strand zu kommen, muss man von der Straße aus etwa 20 Minuten einem teilweise steilen Pfad den Berg hinunter folgen. Bei Kilometer 12 der MA-2210 gibt es einige Parkmöglichkeiten. Dort führt auch der Fußweg zur malerischen Bucht.

29

DIE SERRA DEL CAVALL BERNAT – WILDE GIPFEL

ALPENGLÜHEN ÜBERM MEER

Ausflügler, die den Mirador es Colomer hoch über Port de Pollença betreten, sehen das wohl spektakulärste Panorama der Insel (und meist auch sehr viele Gleichgesinnte). Geologen sehen einen tektonischen Schuppenstapel aus massiven Kalkbrettern – und Bergsteiger wilde Gipfel am Meer.

Der berühmte Aussichtspunkt krönt den Westrand der Halbinsel Formentor, eine der wildesten Ecken der Insel. Doch erst wenn man diese auch per pedes erkundet, fällt auf, wie vielgestaltig das Gebiet ist: Zwischen Kalkkämmen mit steilen, von Karren zerfurchten Flanken und vertikalen Wandabstürzen, die auch in den Dolomiten eine gute Figur machen würden, sind kleine Täler und Buchten eingebettet – es wirkt so, als wären die wildesten Teile der Alpen ins Kleinformat verwandelt und ans Meer versetzt worden.

Die Vertikale über dem Wasser

Der Star unter diesen Mini-Gebirgszügen ist die Serra del Cavall Bernat zwischen Cala Sant Vicenç und dem Vall de Bóquer im Norden von Port de Pollença. Cavall Bernat? Über die Bedeutung dieses Namens gibt es nur Theorien. Die plausibelste besagt, dass er auf das vorromanische Wort *karr* zurückgeht und somit einfach einen Felsen bezeichnet. Obwohl sich die Gipfel dieser Kette nur maximal 353 Meter emporwerfen, beherrschen sie die Skyline des Strand- und Tourismusortes souverän. Noch wilder ist jedoch ihre »Rückseite«, die etwa vier Kilometer lange, extrasteile und stellenweise sogar überhängende Nordwestwand, die direkt aus dem Meer aufragt. Sie lässt sich am bequemsten von Cala Sant Vicenç aus betrachten und am besten zur Zeit des Sonnenuntergangs: Wer Glück hat, erlebt dann, wie die Felsen in leuchtendes Rot getaucht werden – Alpenglühen am Mittelmeer!

KONTRASTPROGRAMM:
ÜBER DEM WANDERREVIER DES
VALL DE BÓQUER LOCKEN BIZARRE
FELSZACKEN ZUM KLETTERN (LINKS).

Ausflug oder Aufstieg?

Die zweitbequemste Möglichkeit, diese Landschaftssensation kennenzulernen, ist eine Fahrt mit dem Ausflugsboot rund um die Halbinsel Formentor. Wer die Felsformationen bei der Einfahrt in die Bucht von Cala Sant Vicenç ganz genau begutachtet, wird etwa zwei Meter unterhalb der Gratschneide ein großes Felstor entdecken.

Dort hinaufzugelangen ist jedoch alles andere als bequem. Die Überschreitung des stellenweise messerscharfen Kammes ist ein Abenteuer für Klettergeübte. Am einfachsten geht's aus dem Vall de Boquer im Norden von Port de Pollença, das von vielen Wanderern geliebt wird und unter Ornithologen als Vogelbeobachtungs-Mekka gilt. Wer das Pech hat, keinen Fischadler, Wiedehopf oder Wanderfalken beobachten zu können, sieht dafür mit ziemlicher Sicherheit halbwilde Ziegen, die auf dem breiten Sattel des Coll des Moro Grasbüschel rupfen. Wer weiß, vielleicht taten das ihre Vorfahren dort schon in der Zeit um 1600 v. Chr., als am Fuß dieser Berge Menschen in künstlich geschaffenen Grabhöhlen bestattet wurden.

Von hier steuert man nun eine Scharte zwischen den Felspanzern der Serra del Cavall Bernat an. Bald wird das Gelände immer steiler und der Aufstieg schweißtreibender; Felsstufen müssen überwunden werden, Dissgras stellt sich leider auch in der Vertikalen in den Weg. Dann erfordert die luftige Umgehung des Gesteinsturms, der westlich davon in die Höhe ragt, solide Klettergewandtheit, aber der Blick über die senkrechte Nordseite zum Meer und über die viel sanftere Umgebung belohnt dann wirklich jeden einzelnen Schweißtropfen. Man denkt an den mallorquinischen Schriftsteller Miquel dels Sants Oliver (1864–1920), der einmal meinte, »dass sich die Natur angestrengt hat, hier eine Auswahl erlesener Stücke anzubieten, eine wahre Landschaftssammlung«.

VÖGEL IN LA GOLA

Viele Urlauber in Port de Pollença nehmen kaum wahr, dass die Strandpromenade südlich des Jachthafens über eine Brücke führt. Das Wasser, das darunter ins Meer quillt, kommt aus dem kleinen Feuchtgebiet der Gola, das – mitten im Siedlungsareal – einer sehr bemerkenswerten Vogelwelt Heimat, Futter und Rastplätze bietet. Wasservögel wie Stelzenläufer, Kuhreiher und andere Reiherarten oder Stockenten lassen sich von den fast labyrinthartigen Wanderwegen, die das Gewässer umrunden, gut beobachten; im benachbarten Kiefernwald entdeckt man auch Seidensänger, Grünfinken oder Rotkehlchen. Im Vogelbeobachtungszentrum La Gola informiert eine Ausstellung näher über dieses Natur-Kleinod.

WEITERE INFORMATIONEN

Pollença und Port de Pollença,
Aktuelles über www.pollensa.com
Centre de turisme ornitològic La Gola,
www.ctolagola.com

30

SA BASSA BLANCA – VERSTECKT UND EINZIGARTIG

DURCHDRUNGEN VON KUNST

Das museale Anwesen Sa Bassa Blanca des Künstlerpaares Yannick Vu und Ben Jakober ist ein echtes Gesamtkunstwerk. Architektur, Natur und Kunst unterschiedlicher Jahrhunderte und Genres – wie etwa 150 Kinderporträts des 16. bis 19. Jahrhunderts, ein Park mit Tierskulpturen, ein Rosengarten – alles gehört an diesem außergewöhnlichen Ort zusammen.

Mallorca ist eine Insel der Träume. Das ist ganz wörtlich gemeint, denn immer wieder trifft man auf Menschen, die hier etwas aufbauen, was sie zuvor nur als vage Idee mit sich herumgetragen haben. Solch einen Traum darf man auf der Halbinsel La Victoria bei Alcúdia besuchen. Man nähert sich ihm über eine Piste, die von der Nordseite der Halbinsel zur Südflanke führt. Dort erhebt sich aus den grünen Hügeln des Mal Pas ein weißer, arabisch anmutender Palast. Er fügt sich in die Szenerie, als schaute man auf ein Gemälde aus dem 19. Jahrhundert.

Das Gesamtkunstwerk, das man nun betritt, ist der Traum des Künstlerpaares Yannick Vu und Ben Jakober, deren Lebenswege sich auf Mallorca gekreuzt haben. Der Mittelpunkt ihres 16 Hektar großen Anwesens ist das weiße Gebäude Sa Bassa Blanca, ein Alterswerk des ägyptischen Architekten Hassan Fathy. Weiße Wände, Gewölbe und Kuppeln, ein Innenhof mit Springbrunnen – man fühlt sich an die maurische Architektur Andalusiens und Nordafrikas erinnert.

In einem der Museumsräume ist eine wunderschöne Mudéjar-Holzkassettendecke aus dem Jahr 1498 eingebaut. Natürlich sind im Haupthaus auch Kunstwerke zu sehen, darunter Arbeiten von Meret Oppenheim und Miquel Barceló. Der sogenannte Sokrates-Raum ist eine unterirdische Halle, in der rund 10 000 Swarovski-Kristalle einen funkelnden Vorhang bilden. Davor posiert das Skelett eines sibirischen Wollnashorns. Gerhard Merz ist mit einem Werk vertreten, ebenso die Gründer der Kunststiftung selbst. Eines der schönsten Werke besteht nur aus Licht und stammt von James Turrell.

DAS MUSEUM SA BASSA BLANCA (LINKS) STEHT INMITTEN EINES BLUMENREICHEN PARKS MIT GROSSEN STEINSKULPTUREN (RECHTS) VON BEN JAKOBER UND YANNICK VU.

Kinderporträts aus mehreren Jahrhunderten

Aus der ehemaligen unterirdischen Zisterne wurde ein Ausstellungsraum, der nicht nur auf Mallorca einzigartig ist: 150 Kinderporträts aus der Zeit des 16. bis 19. Jahrhunderts schauen einen von den Wänden an und schaffen ein eigenartiges Panorama der Kindheit. So sahen Kinder aus Adels- und Königshäusern aus, oder besser, so sollten sie gesehen werden, denn oft dienten die Gemälde zur Anbahnung strategisch günstiger Hochzeiten.

Über der *aljibe*, der alten Zisterne, ist es die Natur, die zur Kunst wird. Mehr als 100 alte englische Rosensorten wachsen in einem Garten, der auf die Mariensymbolik eines *Hortus conclusus*, eines umschlossenen Gartens anspielt. Man verlässt dieses verwunschene Paradiesgärtchen kaum ohne ein Gefühl des Verlusts und der leisen Trauer, so schön und weltabgewandt ist es. Gern lässt man sich dann von den steinernen Tieren ablenken, die den Park bevölkern und von Ben Jakober und Yannick Vu geschaffen wurden.

Wem das noch nicht reicht, der kann sich nach Voranmeldung noch einer Kleingruppe von maximal sechs Personen anschließen und zu einem schwer zugänglichen Aussichtspunkt führen lassen. Auch dort erschließt sich der Blick auf die Natur, beziehungsweise auf die Bucht von Alcúdia über den Spiegel der Kunst. Von einem ehemaligen militärischen Beobachtungsposten aus betrachtet man sie durch das Auge einer Camera obscura, die das Licht der Welt in einen abgedunkelten Raum wirft.

HOSTATGERIA LA VICTORIA

Wer schon immer mal in einer Einsiedelei schlafen wollte, kann das in diesem Minihotel tun. Es liegt auf der gleichnamigen Halbinsel im Obergeschoss der Ermita de la Victoria. Die ersten Einsiedler suchten im 14. Jahrhundert die abgelegene Region auf, wobei die Kapelle – mit einer hochverehrten Madonna – erst 200 Jahre später errichtet wurde. Tagsüber wandern Ausflügler von hier aus zur Talaia d'Alcúdia, dem ehemaligen Wachturm in 444 Meter Höhe mit fantastischer Rundumsicht. Auf dem Weg dorthin liegt das Panoramarestaurant Mirador de la Victoria. Mehr »Secret Place« ist dagegen die Strandbar S'Illot an der Straße nach Alcúdia, wo man bei leckerer Paella und gegrilltem Fisch den Sonnenuntergang genießen kann.

WEITERE INFORMATIONEN

Museu Sa Bassa Blanca / Fundación Yannick y Ben Jakober, Camí del Coll Baix, Es Mal Pas, Alcúdia, Di–Sa 10–18 Uhr (Räume von 13–14 Uhr geschlossen, die Gärten bleiben geöffnet), www.msbb.org

Petit Hotel Hostatgeria La Victoria, Carrer Cap del Pinar 6, Alcúdia, Tel. 0034 971 54 99 12, www.lavictoriahotel.com

Bar S'Illot, Ctra. Vieja de la Victoria, Tel. 0034 971 89 72 18

NICHT NUR ZUM BADEN SCHÖN – DIE BUCHT VON ALCÚDIA BIETET SICH AUCH FÜR AUSSICHTSREICHE WANDERUNGEN AN.

DIE STADTMAUER IST BEGEHBAR.

DIE FUSSGÄNGERZONE LÄDT ZUM ENTSPANNTEN BUMMELN EIN.

ALCÚDIA – SICHTBARE GESCHICHTE

DER BRÜCKENKOPF DER RÖMER

Alcúdia ist die älteste und geschichtsträchtigste Stadt auf Mallorca. Und bis in die Gegenwart haben der Ort und sein Hafen, der zweitgrößte nach Palma, einen hohen Freizeitwert und eine große wirtschaftliche Bedeutung. Ein krasser Gegensatz zur liebevoll restaurierten Altstadt sind die in den letzten Jahrzehnten erbauten Bettenburgen, die südlich des Hafens die urspüngliche Dünenlandschaft verdrängt haben.

Die von hohen Mauern umgebene mittelalterliche Stadt liegt auf einer Anhöhe, von der aus man die beiden großen Buchten, die Badia de Pollença und die Badia de Alcúdia, gut überblicken kann. Vor der Stadtmauer wurden die Ruinen der alten Römerstadt Pollentia freigelegt. Die Römer hatten 123 v. Chr. Mallorca besetzt, um der von hier ausgehenden Seeräuberei ein Ende zu machen, die ihre Vorherrschaft im westlichen Mittelmeer bedrohte. Das Heer unter Caecilius Metellus landete in der Bucht von Alcúdia und gründete eine befestigte Garnison, die Pollentia, die Machtvolle, genannt wurde. Sie war mehrere Jahrhunderte hindurch die wichtigste Stadt auf der Insel, durch eine gepflasterte Straße verbunden mit Palmira, der späteren Hauptstadt Palma, auf der anderen Seite. Kurioserweise ist der Verlauf der heutigen Autobahn fast identisch mit dem der alten Heerstraße. Die Reste der römischen Stadt, die auch ein Theater besaß, lassen erahnen, dass sie etwa ebenso groß war wie das heutige Alcúdia. Viel ist jedoch nicht übrig geblieben aus dieser Zeit, denn die Vandalen unter ihrem gefürchteten König Geiserich machten die Stadt im Jahr 421 fast dem Erdboden gleich, und die später einfallenden Araber nutzten sie als Steinbruch. Einige Fundstücke aus der Römerzeit sind im Museu Monogràfico de Pollentia ausgestellt. Sehenswert ist gleich daneben auch das kleine Museum der Kirche Sant Jaume, die teilweise in die Stadtmauer integriert ist.

Trubel hinter wehrhaften Mauern

Die mächtigen Stadtmauern wurden im 15. und 16. Jahrhundert zum Schutz gegen die ständigen Piratenüberfälle erbaut. Sie sind fast vollständig erhalten und auf einer Länge von 500 Metern auch begehbar. Außerhalb der Mauern gibt es ausreichend Parkplätze, und man betritt die Stadt durch eines der mittelalterlichen Tore. Alcúdia präsentiert sich dem Besucher wie ein riesiges Schaufenster. Kleine Geschäfte mit Kunsthandwerk, Produkten der heimischen Küche, allerdings auch mit jeder Menge Ramsch warten auf Käufer. Viele Bars, Cafeterias und Restaurants bieten sich zur Rast an. Am schönsten sitzt man auf der Plaça de la Constitució. Das Restaurant Satyricon mit seiner römisch angehauchten Dekoration ist eine gute Adresse, mallorquinische Spezialitäten serviert gegenüber das Sa Plaça.

RUHEPAUSE IM LIVE-»THEATER«.

Jeden Dienstag und besonders am Sonntag füllt sich die Stadt zu den Markttagen. In vielen Gassen sind Stände aufgebaut, das Angebot ist bunt gemischt. Wie schon die Nachbarstadt Pollença, so ist auch Alcúdia in erster Linie auf den Besuch der Touristen von außerhalb eingestellt.
Innerhalb der Stadtmauern gibt es nur wenige kleine Hotels und Pensionen, wie das Öko-Hotel Can Tem, ein schön renoviertes Herrenhaus aus dem 16. Jahrhundert (Carrer de l'Església 14) und das Hotel Sant Jaume (Carrer Sant Jaume 6). Einen Besuch wert ist auch die kleine, etwas außerhalb der nördlichen Stadtmauer gelegene Stierkampfarena. Im Sommer finden dort unblutige Schaukämpfe mit Jungstieren, *novillos,* statt.

Ausflug zur Halbinsel La Victoria

Obwohl von den Zinnen der Stadtmauern Alcúdias die Strände der beiden Buchten eingesehen werden können, wird der Blick geradeaus auf das Meer vom riesigen Felsmassiv der Halbinsel La Victoria versperrt. Das kaum bewohnte und wenig erschlossene Gebirge schiebt sich mehrere Kilometer ins Mittelmeer und trennt die Badia de Pollença von der Badia de Alcúdia. Die Halbinsel ist wegen ihrer schönen Aussichtspunkte als Ausflugsziel beliebt. Den spektakulärsten Blick hat man vom alten Wachturm Talaia de Alcúdia, mit 444 Metern der höchste Gipfel des Massivs. Man kann die Halbinsel erwandern oder mit dem Montainbike erkunden. Für Autofahrer führt eine Straße über die Nobelsiedlungen Mal Pas und Bon Aire mit dem schicken Jachthafen Marina Cocodrilo zuerst auf Meereshöhe an der Nordseite der Halbinsel entlang. Der Weg ist leidlich ausgeschildert, erfordert jedoch einige Aufmerksamkeit. Dann steigt er in wilden Serpentinen bergan bis zur ehemaligen Einsiedelei Ermita de la Victoria. Auf halbem Weg liegen die Jugendherberge und gleich daneben ein schöner Picknickplatz. Auf dem großen Parkplatz unterhalb der Ermita kann man sein Fahrzeug abstellen und die weitere Erkundung zu Fuß unternehmen. Die ehemaligen Pilgerzellen oberhalb des Gebetsraumes wurden inzwischen in das Petit Hotel La Victoria umgewandelt, das besonders bei Wanderern beliebt ist. Wer Erholung sucht, wird sie hier, weitab vom Trubel an der Küste, sicher finden. Über wenige Stufen gelangt man zum etwas höhergelegenen Restaurant La Victoria, das mallorquinische Spezialitäten bietet, aber besonders wegen seiner spektakulären Aussicht auf die Badia de Pollença regen

Zuspruch erfährt. Von der Einsiedelei aus sind mehrere Wanderrouten ausgeschildert, so zum höchsten Punkt am alten Wachturm und zum Aussichtsfelsen Penya Rotja. Auch Wanderer und Biker sollten ihre Badesachen mitnehmen, denn an einigen Stellen erreicht man herrliche kleine Badebuchten mit kristallklarem Wasser und sauberen Kiesstränden, wie Sant Joan und Sant Pere. Trotz mehrmaliger Ankündigung, die gesamte Halbinsel für das Publikum freizugeben, ist die Straße, die zum vorgelagerten Cap del Pinar führt, meist abgeriegelt. Diese Gegend ist immer noch militärisches Sperrgebiet, nur hohe Militärs und Angehörige des Madrider Verteidigungsministeriums dürfen hier ungestörte Ferien genießen. Die Stadt Alcúdia verhandelt bisher ohne großen Erfolg mit den Militärs, die ihr kleines Paradies nicht kampflos aufgeben wollen. Der Bau eines Fünfsternehotels für hohe Gäste des spanischen Staats scheiterte jedoch bisher am Protest zahlreicher Umweltorganisationen. Von Idylle keine Spur: Der Hafen und die Strände im Süden von Port d'Alcúdia liegen geschützt unter den südlichen Hängen der Halbinsel. An den riesigen Jachthafen mit Hunderten Booten grenzt nördlich der Fischer- und Industriehafen an. Den Abschluss bildet die bombastische neue Fährstation für die Autofähren zur Nachbarinsel Menorca und nach Barcelona. Verschandelt wird die Idylle von der Halbruine eines alten Kohlekraftwerks. Nach Süden hin beginnen langgezogene Strände mit weißem Muschelsand. Die Dünenlandschaft ist unter zahlreichen Hotels und entsprechender Sekundärindustrie verschwunden, die sich mehrere Kilometer an beiden Seiten der Hauptstraße entlangzieht. Besonders auffällig ist die riesige Apartmentanlage Bellver Club am Binnensee Llac Gran, die mit ihren rund 5000 Wohneinheiten entscheidend dazu beiträgt, dass im Sommer die Zahl der Besucher Alcúdias die der Einwohner um ein Vielfaches übersteigt.

Die Kette der Hotels hat sich mit den Jahren immer weiter nach Süden ausgedehnt, die ursprüngliche Küstenlandschaft aus Dünen und Pinienwald sieht man nur noch auf der Höhe des Eingangs zum Naturpark S'Albufera.

HÄUSERGEWIRR IN DEN VERWINKELTEN GASSEN IM SCHUTZ DER STADTMAUER.

GOLFEN AUF LA VICTORIA

Wenig erschlossen ist die Südseite von La Victoria, obwohl seit dem Bau des neuen Golfplatzes Aucanada auch die Straße viel besser geworden ist. Die Sportanlage selbst hat die vielleicht schönste Aussicht aller Golfplätze auf Mallorca. Das Restaurant La Terrassa steht auch Nichtspielern offen und wirbt mit internationaler Küche und ebendiesem Panorama.

WEITERE INFORMATIONEN

www.alcudiamallorca.com
Hinweise zu den römischen Ausgrabungen: www.pollentia.net
Museu Monográfico de Pollentia, Okt.–April Di–Fr 10–16 Uhr, Sa 10–14 Uhr, Mai–Sept. Di–So 9.30–20 Uhr, Carrer Sant Jaume 30, Tel. 0034 971 54 70 04

32

S'ALBUFERA – IM SCHILF

AUSZEIT IM FEUCHTGEBIET

Eingeklemmt zwischen den Touristenzentren Can Picafort und Port d'Alcúdia liegt das Feuchtgebiet S'Albufera. Obwohl es früher viel umfangreicher war, ist es immer noch das größte seiner Art auf den Balearen. Vogelkundler haben schon rund 300 Arten ausgemacht. Einfach nur spazieren gehen und sich in den Geräuschen der Natur zu verlieren, ist aber auch ein Erlebnis.

So sieht kein Wanderweg aus. Hinter der Schranke gleich bei der Brücke über den Canal Gran zieht sich eine schnurgerade Asphaltbahn in Richtung Horizont. Das Feuchtgebiet S'Albufera hat man sich wahrscheinlich etwas anders vorgestellt. Man könnte aber auch sagen, dieses monotone Entree ist die geeignete Einstimmung: Einfach nur gehen und nichts Großartiges erwarten, damit kommt man im Urlaub schon ziemlich weit.

Nach ein paar hundert Metern stellt man fest, dass man nicht nur Augen, sondern auch Ohren hat. Links und rechts der Asphaltbahn raschelt und zirpt es. Auf einem Baum beim Kanal hocken einige Seevögel, die ein Hobby-Ornithologe sicher mit einem Blick erkannt hätte. Auf der anderen Seite des Weges öffnet sich zwischen Schilf und Rohrkolben der Blick auf eine sumpfige, teilweise geflutete Landschaft. Es gluckert, blubbert, pfeift, plätschert, piepst.

Was ist da nur los?

Nach dem Erlebnis der Touristenhochburgen von Can Picafort, Las Gaviotas und Ciudad Blanca, die an das Gebiet heranragen, ist ein Spaziergang in der S'Albufera wie Ausatmen. Nach etwa einem Kilometer geradeaus fühlt man sich wie der Besucher einer magischen Tierwelt und ist bereit für das Informationszentrum Sa Roca, wo man nicht nur Grundlegendes über diesen besonderen Lebensraum erfährt, sondern auch einen Faltplan mit unterschiedlichen Wegrouten bekommt.

Von Aal bis Zwergdommel

Dieses Informationszentrum, ganz am Ende der langen Straße, erzählt auch von der Geschichte des Feuchtgebiets, in dem einmal eine Papierfabrik stand. Auch mit dem Reisanbau versuchte man es, wie etwa am Ebro-Delta oder in der Albufera von Valencia. Nichts war rentabel. Aus Angst vor Malaria begann

OB AUF EINEM FAHRRAD, EINEM PFERD ODER ZU FUSS – DIE ALBUFERA IST IN JEDEM FALL EIN ERLEBNIS.

man im 19. Jahrhundert, das ehemals riesige Areal trockenzulegen. Eine englische Firma legte zig Kanäle an und entwässerte rund 2000 Hektar Land, doch dann wurde das Projekt aufgegeben – nicht nur aus Sicht der Zugvögel eine weise Entscheidung.
Von Aal bis Zwergdommel beziehungsweise von der Armleuchteralge bis zur salbeiblättrigen Zistrose: Die Tier- und Pflanzenwelt ist derart vielfältig, dass man sich als urbaner Zeitgenosse darin vorkommen kann wie ein Analphabet. Eine der Ursachen für den biologischen Reichtum ist der Wechsel von Süß- und Salzwasser. Ein Großteil des Feuchtgebiets ist das ganze Jahr überflutet. Zur Meerseite hin begrenzt ein 300 Meter breiter Dünenrand den Naturraum.
In den Sommermonaten dringt Meerwasser ins Feuchtgebiet ein, was eine spezifische Flora mit Binsen, Schilf und anderen Arten begünstigt. An den Kanälen und landeinwärts stehen Ulmen, Tamarisken und Weißpappeln. Als besondere Schönheit gilt die zart rosafarbene Moororchidee.
In diesem Lebensraum tummeln sich Wasserschildkröten, Frösche, Glasaale und anderes mehr. Vor allem aber ist der Naturpark ein Rückzugsgebiet für Zugvögel. Über 300 Arten steuern regelmäßig das Feuchtgebiet im Nordosten Mallorcas an oder sind hier heimisch. Von den vier Beobachtungsstationen der S'Albufera kann man die Tiere gut sehen. Wenn es irgendwie geht, sollte man ein Fernglas mitnehmen. Auch dann, wenn man eigentlich nur wandern oder spazieren möchte – es könnte gut sein, dass man in diesem piependen und zirpenden Naturparadies seine Leidenschaft fürs Birdwatching entdeckt.

MESON LOS PATOS

Im angenehmen Restaurant mit schöner Außenterrasse kann man den S'Albufera-Besuch kulinarisch fortsetzen – mit Aal aus dem Feuchtgebiet. Er wird entweder gebraten, mit Knoblauch serviert oder mit Fadennudeln. Wer die klassische Küche der Insel kennenlernen möchte, wird sich freuen, auch andere Speisen zu entdecken, die immer seltener angeboten werden. Zum Beispiel Frit Mallorquí, ein deftiges Tellergericht aus Lamminnereien, Kartoffeln und Gemüse, oder Schnecken mit Kräutern oder hausgemachte Fischkroketten oder eine gut zubereitete Paella. Die sollte man übrigens nicht am Abend essen, sondern, wie es die Spanier traditionell tun, nur mittags. Warum? Sie kann einem schwer im Magen liegen.

WEITERE INFORMATIONEN

Parc Natural de s'Albufera de Mallorca,
Platja de Muro, Ctra. d'Artà a Port d'Alcúdia
Ma-12 km. Anmeldung im Informationszentrum Sa Roca.
Hier kann man sich über die Routen und die Tierwelt informieren.
http://balearsnatura.com
Meson Los Patos, Ctra. Port d'Alcúdia/sa Pobla,
km 8,9, Tel. 0034 971 89 02 65,
www.mesonlospatos.com

AIGUA DOLÇA UND SON REAL – STÄTTEN DER TOTEN

RÄTSELHAFTES AUS ALTEN ZEITEN

Die ältesten Baudenkmäler Mallorcas findet man nicht in Palma, sondern am anderen Ende der Insel, an der Bucht von Alcúdia: Dolmen, Steingebilde aus der Bronze- und Jungsteinzeit, Grabhöhlen und die bis zu 2700 Jahre alte Nekropole von Son Real – eine prähistorische »Totenstadt«.

Versuchen Sie besser nicht, Mallorca mit einem Floß oder einem Boot nur mithilfe der Meeresströmung anzusteuern. Auf der kürzesten Route von Valencia über Ibiza wird man rasch Richtung Gibraltar abgetrieben. Besser funktioniert es von Südfrankreich aus, vom Languedoc. Und genau von dort dürften die ersten Menschen, die vor etwa 10 000 Jahren nachweisbar auf Mallorca lebten, auch gekommen sein. Ab dem 4. und 3. Jahrtausend v. Chr. kamen Seefahrer von weiter entwickelten Zivilisationen im östlichen Mittelmeerraum, die unter anderem Keramik, Grabhöhlen und Dolmen hinterließen. Diese bretonische Bezeichnung bedeutet so viel wie »Steintisch«, denn Dolmen bestehen aus teils behauenen Tragsteinen, über die man eine oder mehrere Deckplatten legte; meist schichtete man auch noch Erde oder Steine darüber. Eines dieser Gebilde, die meist als Bestattungsplätze dienten, fand man in Son Bauló, den Dolmen von Aigua Dolça grub man zwei Kilometer nordöstlich von Colònia de Sant Pere aus. Im Inneren fand man menschliche Schädel und Knochen; die Beigesetzten waren vermutlich Hirten, die Brandrodungswirtschaft betrieben.

Blick zurück über Jahrtausende

Ein stiller, ein magischer Platz ist dies, der sich im Rahmen einer kleinen Wanderung erreichen lässt – ebenso wie das Gebiet des etwa acht Kilometer westlich von Colònia de Sant Pere gelegenen Landguts Son Real. Sein Herrenhaus und seine Wirtschaftsgebäude stehen inmitten von ausgedehnten Kiefernwäldern zwischen der Küste und dem Bauernland um Santa Margalida. Im dort eingerichteten Museum

sind auch Funde aus der nahen Nekropole an der Punta des Fenicis zu sehen.
Direkt am Meer blieben dort 109 steinerne Gräber aus der Zeit zwischen dem 7. und dem 1. Jahrhundert v. Chr. erhalten. Bestattet wurden 168 Menschen, die, nach den reichen Grabbeigaben zu schließen, zur führenden Bevölkerungsschicht gehört haben dürften. Man entdeckte auch zwei durchbohrte Schädel. Medizinische Eingriffe? Bekannt ist jedenfalls die damalige Lebenserwartung: Bis zum 3. Jahrhundert v. Chr. betrug sie etwa 33 Jahre bei Männern und 22 Jahre bei Frauen. Manche der Deckelsteine hatten Löcher, vielleicht zum Hineinreichen von Opfergaben, möglicherweise auch als »Seelenlöcher«, durch die Geister entweichen konnten. Drei hufeisenförmige Grabhöhlen befinden sich auf der nahen Illot des Porros, dem »Lauchinselchen«, eine künstlich erweiterte Höhle klafft weiter landeinwärts in einem Felsaufschwung. Jedoch: Wo lag eine Siedlung für eine so große Totenstadt? Woher kamen die Menschen, die hier begraben wurden?

Weiterwandern

Einfacher zu beantworten ist die Frage nach der Bedeutung der schlanken Betonobelisken, die meist paarweise alle 1,2 Kilometer in diesem Küstenbereich auffallen: Es handelt sich um »Peiltürme«, die noch vor 50 Jahren Schiffen und U-Booten der Marine zur Positionsbestimmung dienten.
Zwischen all diesen Besonderheiten verläuft der neu beschilderte Fernweg GR 222, der im Endausbau Lluc mit Cala Rajada verbinden wird. Er führt hier durch eine Traumlandschaft zwischen Sandstränden, naturbelassenen Dünen, kleinen Feuchtgebieten und weiten Kiefernwäldern, über denen sich die höchsten Berge der Serres de Llevant aufbauen. Allerdings wurden einige Abschnitte aus Naturschutzgründen mit Seilen eingezäunt – und das Gehen im feinen, oft auch von Pferdehufen zerwühlten Sand wird auf Dauer recht anstrengend. Der stille Ferienort Colònia de Sant Pere entstand übrigens erst zwischen 1874 und 1891, staatlich gefördert im Bestreben, durch neue landwirtschaftliche Betriebe dem Hunger und der damit verbundenen Auswanderungswelle Einhalt zu gebieten.

STEINERNES ERBE DER VORZEIT AN DER BUCHT VON ALCÚDIA: DIE »TOTENSTADT« BEI SON REAL (LINKS) UND DER DOLMEN VON S'AIGUA DOLÇA (RECHTS).

DAS LANDGUT SON REAL

Das Museum der *finca pùblica* von Son Real befindet sich zwischen Can Picafort und Artà, und zwar in zwei Gebäuden eines 395 Hektar großen Landguts, das 2002 von der Regierung der Balearen angekauft wurde. Man erfährt dort viel über den vielfältigen Naturraum an der Bucht von Alcúdia, aber auch über die unterschiedlichen Wirtschafts- und Lebensbereiche an der Küste, im Wald und im Kulturland. Sparsam, aber geschmackvoll inszenierte Präsentationen verdichten das Bild einer vergangenen Zeit in dieser Inselregion. Und natürlich sind ebenso archäologische Funde aus der nahen Nekropole zu sehen. Auch ein Rundgang durch das Landgut, in dem wieder alte Haustierrassen gezüchtet werden, und ein Abstecher zum nahen Talayot Es Figueral lohnen sich. Zum Meer hin führen gut beschilderte und fast ebene Wege.

WEITERE INFORMATIONEN

Finca Son Real, Aktuelles unter https://de.balearsnatura.com/parque_natural/finca-publica-de-son-real

DER OSTEN

Entdeckungen im stillen Llevant

FELSEN, »FJORDE« UND FEINER SAND – »MARKENZEICHEN« FÜR MALLORCAS OSTEN.

34

BETLEM UND BEC DE FERRUTX – WALLFAHRT ODER WANDERUNG?

GROSSARTIGE AUSSICHTEN

Wirklich hoch ist sie ja nicht, die Berg- und Hügelreihe, die den Pla, die zentrale Ebene Mallorcas, von der Ostküste trennt: Lediglich 200 bis 500 Meter recken sich die Serres de Llevant empor, die »Bergketten des Ostens«. Doch auch dieses Mittelgebirge zeigt da und dort seine Felszähne.

Zum Beispiel oberhalb der Colònia de Sant Pere, wo die Muntanyes d'Artà mit dem auffallenden Steinkopf des Ferrutx durchaus an die Serra de Tramuntana, ja sogar an die Kalkketten der Pyrenäen oder der Alpen erinnern. Kein Wunder, denn wie diese sind sie aus etwa 200 Millionen Jahre altem Sedimentgestein aufgebaut. Das bildete sich auf dem Boden eines urzeitlichen Meeres aus den sterblichen Überresten von Milliarden Meereslebewesen und dem, was Flüsse von älteren Landmassen herantrugen. Versteinerte Muscheln und Korallen bestätigen diese Entstehungsgeschichte; eingespülte Mineralien sorgten für warme Gelb- und Rottöne im hellgrauen Fels. Als vor 20 Millionen Jahren die afrikanische Kontinentalplatte nordwärts gegen die europäische zu drängen begann, tauchten die großen europäischen Gebirgszüge aus dem Meer – und auch die *roqueta,* der »kleine Felsen«, wie die Mallorquiner ihre Insel liebevoll nennen.

Betlehem in den Bergen

Zwei Kilometer nordöstlich des kleinen Ferienorts führt ein historischer Weg in einen stillen Talkessel dieser Gebirgslandschaft im Kleinformat, vorbei an den Cases de Betlem. Sie wurden um 1880 als »Keimzelle« einer neuen Bauernsiedlung nach dem Geburtsort Christi benannt. Weiter oben spendet die Font de s'Ermita unter einem Löwenkopf und einer Lourdes-Grotte gutes Wasser. Gleich danach steht man, 280 Meter über dem Meer, vor einer Zypressenallee, die Schattenstri-

che über den Weg zur Ermita de Betlem wirft. Das klassizistisch gestaltete Wallfahrtskirchlein birgt Bilder eines Schwagers von Francisco de Goya, und die Statue des »Christus der Agonie« an einem Seitenaltar ist das Ziel einer alljährlichen Wallfahrt der Bewohner von Artà: 2010 zogen die letzten hochbetagten Patres nach Valldemossa; heute bietet nur noch ein Ordensbruder in einem kleinem Kiosk Getränke und Devotionalien an. Ihre weltentlegene Andachtsstätte entstand 1805 auf den Fundamenten eines alten Landguts, wobei die Mönche damals kräftig zupacken mussten – die heutige Zufahrtsstraße von Artà gab es so natürlich noch nicht.

Eine schöne Aussicht gehört auch zu einer Wallfahrt. Die bietet der nur zehn Minuten entfernte Panoramapunkt Sa Coassa. Das Häuschen, das dort hoch über der Bucht von Alcúdia steht, war, wie die Wandzeichnung eines Kampfflugzeugs belegt, während des Spanischen Bürgerkriegs ein Militärausguck.

EIN KLEINES HEILIGTUM IM WILDEN BERGLAND VON ARTÀ ERINNERT AN DIE GEBURT JESU (UNTEN). AM FUSS DER GIPFEL VERBIRGT SICH DIE BADEBUCHT DES CALÓ (LINKS UND UNTEN).

Wandern, wo der König jagte

Eine längere Bergwanderung fordert dagegen der Bec de Ferrutx, der 522 Meter hohe Gipfel am Südwestrand der Berge von Artà. Eine Wegstrecke von fast sieben Kilometern ist bis dorthin zurückzulegen, aber sie lohnt sich! Gleich nach dem Start entdeckt man die gewaltige Cova dels Sarraïns in den Felswänden zur Linken. In dieser »Höhle der Sarazenen« leisteten anno 1229 die letzten Araber vergeblichen Widerstand gegen die Eroberungstruppen König Jaumes I. Seine Nachfolger, Jaume II und dessen Sohn Sanç, jagten in diesem Gebiet noch Hirsche, Wildschweine, Fasane und Rebhühner.

Schließlich erreicht man die Vermessungssäule auf dem Ferrutx, den ein 300 Meter langer, schroffer Grat mit dem *bec*, dem »Schnabel« des Berges, verbindet. Ein Aussichtspunkt der Superlative: Die Ostküste ist zu sehen, die Inselebene mit den »heiligen Bergen« von Randa und Sant Salvador, die ganze Serra de Tramuntana bis zur Zackenreihe der Halbinsel Formentor und natürlich die Halbinsel La Victoria hinter der Bucht von Alcúdia.

AUF ZUM CALÓ!

Ein Spazlergang von der Urbanisation Betlem, die vier Kilometer nordöstlich von Colònia de Sant Pere am Fuß der Muntanyes d'Artà liegt, zum 20 Meter langen Ministrand von Es Caló ist eine Reise in die Einsamkeit. Rechts die kahlen Felsberge, auf denen eine Senderanlage das einzige Zeichen zeitgenössischer Technik ist, links der Blick über die Bucht von Alcúdia zur Halbinsel La Victoria und zur noch ferneren Skyline des Cap de Formentor – so ist man etwa eine Stunde lang auf einem Kiesweg unterwegs. Dazwischen spenden ein paar Kiefernhaine Schatten, während goldgelbe Sandsteinfelsen einige stille Buchten umfassen ... Retour ist noch mal eine Stunde zu veranschlagen. Mit einem geländegängigen Rad geht's schneller, mit E-Unterstützung bequemer.

WEITERE INFORMATIONEN

Artà und seine Umgebung,
Aktuelles über www.artamallorca.travel

35

LLEVANT – DURCH DEN NATURPARK

DIE LIEBE ZU LEISEN LANDSCHAFTEN

Mallorcas jüngster Naturpark blickt auf eine seltsame Geschichte zurück: 2001 gründete ihn die Inselregierung mit einer Fläche von 16 232 Hektar zu Lande und 5275 Hektar Meergebiet, um vier Jahre später – nach einem politischen Machtwechsel – fast 94 Prozent davon diesen Schutzstatus wieder abzuerkennen.

Heute umfasst der Parc Natural de la Penìnsula de Llevant nur noch 1576 Hektar der gebirgigen Halbinsel im Norden von Artà. Dieser »Rest-Naturpark« ist durch beschilderte Wege erschlossen; den zentralen Ausgangspunkt bildet das Gehöft S'Alqueria Vella. Eine dieser Routen dauert etwa dreieinhalb Stunden und führt erst Richtung Ermita de Betlem – zwischen Mauern, die von Zistrosen überwuchert sind und an den Arbeitsalltag vergangener Zeiten erinnern. Einst verpachteten die meist adeligen Großgrundbesitzer, die *senyors,* ihr Land an *amos*, Kleinbauern, die dem Boden Getreide, Gemüse, Johannisbrot und Oliven abrangen; nebenbei gab's vielleicht noch ein paar Schafe, Ziegen oder Schweine. Unglaublich, dass in diesem öden Gebiet 22 kleine Bauernwirtschaften existierten. Die einfachen, einstöckigen Gebäude waren mit Holzbalken oder Ziegeln überdacht; ein oder zwei Räume, eine Vorratskammer und eine Feuerstelle, ein kleiner Garten, ein Brunnen – das musste für eine ganze Familie reichen. Die Kleinbauern hatten nur mündliche Verträge mit ihren Grundherren, denen sie einen Teil ihrer Ernte abtreten mussten.

Zur Talaia Freda: Mühe, die sich lohnt

Über verwachsene Grashänge stolpert man rechts zum Kamm hinauf. Der Lohn der Anstrengung: ein Tiefblick auf die Bucht von Alcúdia. Auf einem der Grate steht, weithin sichtbar, eines der wenigen Gipfelkreuze Mallorcas, das der österreichischen Familie Hatzl-Thiele zu verdanken ist – daher auch die

BERGE AUS SEEGRAS (LINKS) UNTER BERGEN DER EINSAMKEIT (RECHTS) – DIE MUNTANYES D'ARTÀ SIND EIN KLEINOD UNTER MALLORCAS LANDSCHAFTEN.

Bezeichnung Cruz Austriaca und der Bergname Puig de sa Creu.

Der Nachbarberg zeigt sich von seiner schroffen Seite: Beim Übergang zur Talaia Freda passiert man zwei kleine Scharten und dazwischen spitze Zacken. Der finale Gipfelaufstieg geht noch einmal ordentlich in die Beine. Erst auf dem Sockel des Vermessungszeichens der Talaia Freda winkt Erholung, 561 Meter über dem Meer, oberhalb von 200 Meter hohen Felsabbrüchen und mit der Serra de Tramuntana im Blickfeld. Im Osten der Halbinsel sind die »verlorenen Strände« von Albarca und der viel besuchte Dünenstrand der Cala Mesquida zu sehen, darüber ragt der Höhenzug der Talaia de Son Jaumell empor. Aber auch die nähere Umgebung fasziniert: Über dem kahlen, von Waldbränden gezeichneten Gebirge der Halbinsel stehen die Sendeanlagen auf dem benachbarten Puig de sa Tudossa, ganz im Norden ist der alte Wachturm der Talaia de Moreia erkennbar. Dahinter brechen Steilflanken zum Cap Ferrutx ab, wo Kolonien von Kormoranen und Korallenmöwen leben, Wanderfalken, Eleonorenfalken und Zwergadler. Sogar die Mittelmeerschildkröte konnte sich in diesem oft vom Sturm umtosten Gebiet noch halten.

Der Weg der Gefangenen

Flotten Schritts gelangt man über das grasige Gipfelplateau zum Nordgipfel hinüber und dann bergab. Weiter unten erreicht man wieder den Fahrweg mit seinen auffallend schön gebauten Brücken, dem man nach rechts zurück folgt. Er trägt den Namen Camí dels Presos, Weg der Gefangenen, leider zu Recht: 1941/42 mussten rund 900 inhaftierte Republikaner, die vom spanischen Festland auf die Insel verschleppt worden waren, diesen Nachschubweg zu den Artillerieeinheiten General Francos aus dem Gestein schlagen. Als Lager für die Zwangsarbeiter dienten Baracken am Fuß des Puig des Porrassar. Nur ein verwitterter Gedenkstein erinnert vor der Ruine des Campament dels Soldats daran.

DER PUIG DES PORRASSAR

Wer nicht ganz so weit wandern und sich dennoch einen guten Überblick über den Naturpark verschaffen möchte, sei auf den 491 Meter hohen Puig des Porrassar verwiesen. Eine markierte Route führt vom Campament dels Soldats direkt auf den mit viel Gras und unzähligen Zwergpalmen bewachsenen Kegel (vom Parkplatz etwa eine Stunde Gehzeit). Oben tut sich eine weite Rundsicht auf, von den höheren Nachbarbergen über die Nordostküste bis zur Inselebene; man entdeckt auch das Städtchen Artà, und hinter den Sendern auf dem Puig de sa Tudossa blitzen die hellen Felsklippen des Cap de Formentor herüber.

WEITERE INFORMATIONEN

Naturpark Llevant, Aktuelles über https://de.balearsnatura.com/parque_natural/parque-natural-de-la-peninsula-de-llevant

36

SA FONT CELADA – DIE »VERLORENEN STRÄNDE« BEI ARTÀ

GEFÄHRDETE NATURSCHÖNHEITEN

So schön ist Mallorca – das ist die Botschaft der bunten Großbilder, die man gleich bei der Ankunft am Flughafen von Palma sieht. Viele davon wurden an der Küste im Norden von Artà aufgenommen. Hoffentlich geht der Zauber dieser naturbelassenen Landschaft nicht verloren.

Es sind nur ein paar Schritte vom Tourismustrubel an der Cala Mesquida, dem für seine Sanddünen berühmten Badeziel von Capdepera, nach Nordwesten – und schon ist man in der Einsamkeit. Der Caminet del Carabiners führt zwischen schrägen Gesteinsplatten und über kurze abschüssige Stellen, die Trittsicherheit und Schwindelfreiheit erfordern, doch dafür genießt man schon von der ersten Anhöhe einen überraschenden Blick zu den Buchten der Halbinsel Llevant.

Was wie die pure Idylle wirkt, hat jedoch mit Problemen zu kämpfen: Die Cala Torta, ein 200 Meter breiter »Karibikstrand«, bekommt manchmal einfach zu viel Besuch. Seit man die Zufahrtsstraße von Artà asphaltiert hat, parken oft Lawinen von Autos im Mündungsbereich des Torrent de sa Font des Pi; manche Besucher lassen bedenkenlos Müll liegen. Immerhin soll das Verkehrsproblem nun mit einer Buszufahrt entschärft und auch das wilde Herumfahren mit Quads eingedämmt werden.

Etappenziel Wachturm

So macht man sich nachdenklich auf den Weiterweg. Auch die 400 Meter entfernte Cala Mitjana und die enge Cala Estreta verdanken ihr Dasein dem starken Nordwind, der die Ablagerung von Sand begünstigt. Die goldgelben Körner verfestigen sich irgendwann zu kompaktem Marès-Sandstein, über den man geht. Auch Reste fossiler Dünen sind zu sehen – als diese vor rund 2,5 Millionen Jahren entstanden, lag der Meeresspiegel höher als heute.

Nicht nur der Meerblick ist schön, sondern auch die Sicht landeinwärts zu den Muntanyes d'Artà. Sie wird nur von wenigen Kiefern verstellt – mehr ließen die großen Brände der jüngeren Vergangenheit nicht

übrig. Dafür staunt man über Mengen von Zwergpalmen. Ihre Stämme, die oft wie Büschel auseinanderwachsen, werden nur ein oder zwei Meter hoch; die 70 bis 80 Zentimeter breiten, steif abstehenden Fächerblätter zaubern jedoch einen Hauch von Afrika ins Land.
Nächste Station ist einer der 50 Piraten-Ausgucke, die noch an Mallorcas Küste stehen: der Torre des Matzoc, nach dem Landgut im Gebirge, zu dem er gehört, auch Torre d'Albarca genannt. Der elf Meter hohe, zweigeschossige Rundbau wurde 1751 über der Cala es Matzoc erbaut. Der Eingang befand sich ursprünglich weiter oben und war nur über eine Leiter erreichbar.
Von drinnen gelangt man über eine Wendeltreppe und Holzsprossen auf die Plattform, auf der noch ein rostiges Kanonenrohr liegt. Als die Gefahr durch Piraterie endete, nahm der Schmuggel überhand. Als Gegenmaßnahme gründete man 1829 die Carabiners, die dem Weg entlang dieser Küste den Namen gab; diese Polizeieinheit nutzte den Turm bis zu ihrer Auflösung nach dem Spanischen Bürgerkrieg.

Der verlorenste der verlorenen Strände

Nach insgesamt zweieinhalb Stunden Gehzeit kommt man am Sandstrand von Font Celada vorbei und zum Arenalet d'Albarca. Die Gutsbesitzer von Albarca hatten keinen schlechten Geschmack, denn sie ließen ihr Sommerhaus – die Caseta des Senyors – an diesem einsamen Ort unterhalb der 434 Meter hohen Talaia Moraia erbauen. Heute ist das kleine Gebäude eine Wanderherberge für Selbstversorger am neuen Fernweg GR 222, ebenso wie die nahe Caseta des Oguers, in dem einst Hirten die Esel, Pferde und Maultiere der Finca betreuten. Das vielbeschworene »andere Mallorca«, wie es sich vor 100 Jahren zeigte – an diesem einsamen Strand kann man es noch nachempfinden.

BADEPARADIESE UND BLÜTENWUNDER IM NORDOSTEN VON ARTÀ – EINMALIGE NATURJUWELE, DIE ES ZU ERHALTEN GILT.

TAKE THE LONG WAY

Aus dem Angebot der beschilderten Wanderrouten lässt sich auch eine sehr lange, aber auch sehr eindrucksvoll einsame Runde vom zentralen Touren-Ausgangspunkt S'Alqueria Vella (siehe S. 108) zu den »verlorenen Stränden« zusammenstellen. Etwa sechs Stunden lang ist man dann durch das wohl entlegenste Gebiet Mallorcas unterwegs – erst auf dem Camí dels Presos (Nr. 3), dann auf dem Camí d'en Mondoi (Nr. 6) hinunter zum Arenalet d'Albarca; beide Strecken sind auch Teilstücke des neuen Fernweges GR 222. Von der benachbarten Platja de sa Font Celada geht's dann auf Pfaden und Schotterstraßen (Nr. 9, 2 und 1) wieder landein- und aufwärts. Wer hier unterwegs ist, weiß, was das Gegenteil von »Ballermann« ist.

WEITERE INFORMATIONEN

Naturpark Llevant, Aktuelles über https://de.balearsnatura.com/parque_natural/parque-natural-de-la-peninsula-de-llevant/

37

ARTÀ – DIE ALTE HANDWERKERSTADT

LANDSCHÖNHEIT MIT INTERNATIONALEM FLAIR

Eine kleine Welt für sich ist die Halbinsel, die in nordöstlicher Richtung ins Meer ragt. Das Tor zu dieser Welt ist das Städtchen Artà, das zentral im Landesinneren liegt und der gesamten Halbinsel den Namen gegeben hat. Die Region um Canyamel und Costa dels Pins ist eine der begehrtesten und teuersten Gegenden auf Mallorca. Dort liegen auch die sehenswerten Tropfsteinhöhlen von Artà.

Die kleine Handwerkerstadt Artà ist in den letzten Jahren sehr international geworden. Viele Ausländer, vor allem Deutsche und Briten, haben sich hier angesiedelt, durch mehrere kleine Stadthotels ist der ruhige Ort auch touristischer geworden.

Altstadtgassen und wehrhafte Burg

Da der Durchgangsverkehr schon lange um das Zentrum von Artà herumgeleitet wird, haben die zum Burgberg hin immer enger werdenden Gassen kaum Verkehrsprobleme, allerdings gibt es auch wenig Parkraum. Deshalb sollte man seinen Wagen besser in der unteren Stadt stehen lassen und das überschaubare Städtchen zu Fuß erkunden. Ein Teil der Altstadt ist Fußgängerzone. Besonders an den zur Burg ansteigenden Hauptstraßen findet man jede Menge Läden mit Kunsthandwerk, Galerien, hübsche Cafeterias und Bars. Ein Klassiker ist das Café Parisien (Carrer Ciutat 18), dessen schattiger, mit Zitronen- und Orangenbäumen bepflanzter Innenhof zu einer Pause einlädt. Das schöne Lokal ist besonders dienstags ein ruhiger Rückzugsort, wenn zum Wochenmarkt Hunderte Touristen ins Städtchen strömen. Neben dem normalen Markt auf einem Platz links der Carrer Ciutat ist der Kunsthandwerksmarkt auf einem Platz an der rechten Seite sehenswert.

Interessante Fundstücke aus verschiedenen Epochen der Stadtgeschichte werden im kleinen Museu Regional d'Artà gezeigt, das gleich neben dem Rathaus liegt (Carrer Estrella 4). Die Gegend war schon zur Stein- und Bronzezeit bewohnt, auch Römer, Griechen und Phönizier hinterließen ihre Spuren. Daneben gibt es Sammlungen von einheimischer Fauna und Flora. Anschaulich ist auch die Verarbeitung der Blätter der Stechpalme dokumentiert, die große Tradition in dieser Gegend hat.
Bereits im 13. Jahrhundert ließ Jaume I die riesige Wehranlage errichten, die – mit dem ehemaligen Kloster Santuari de Sant Salvador – die Stadt überragt und mit ihren zinnenbewehrten Mauern den gesamten Stadthügel einnimmt. Mehrere Gassen und Treppen führen nach oben. Auch mit dem Wagen kann man bis vor die Mauern fahren, der Weg ist ausgeschildert, allerdings sind die wenigen Parkplätze fast immer belegt, und man muss zu dem an der Landstraße zur Einsiedelei Betlem gelegenen Parkplatz zurückkehren. Der Ausblick von den durchgehend begehbaren Mauern auf das Dächergewirr ist beeindruckend.

Ses Païsses, die Siedlung der Bronzezeit

Schon vor Tausenden von Jahren bewohnten Menschen die Höhlen in den Hügeln. Später errichteten sie Steinhäuser – Talayots – in der Ebene. Südlich des Ortszentrums liegt die besonders gut erhaltene Anlage von Ses Païsses. Das eingezäunte Gelände wird durch ein mächtiges Steintor betreten. Die tonnenschweren Steinquader werfen die Frage auf, wie die Erbauer mit ihren primitiven Mitteln derartige Lasten bewegen konnten und genau in die Position brachten, die sie seit 3000 Jahren unverändert einnehmen.

Abstieg in die Unterwelt – die Höhlen von Artà

An der Ostküste, etwa zwölf Kilometer vom Ort entfernt, liegen die Tropfsteinhöhlen von Artà. Die benachbarte Villensiedlung gehört zu den exklusivsten der Insel. 50 Meter über dem Meer beginnt der Abstieg in die sagenumwobene Unterwelt. Den Besucher erwartet ein mit Ton- und Lichteffekten untermaltes Naturwunder. Prunkstück ist ein »Königin der Säulen« genannter Stalaktit von 20 Metern Höhe.

WIE WURDEN DIE TONNENSCHWEREN STEINQUADER BEWEGT?

GUT SCHLAFEN UND KÖSTLICH ESSEN

Ein besonderes Ensemble hat der deutsche Schauspieler Christophorus Heufken in Artà geschaffen. Das kleine Hotel Sant Salvador-Palacio mit nur acht Suiten liegt am Burgberg, unterhalb von San Salvador. Das hufeisenförmige Palais wird Antoni Gaudí zugeschrieben. Vier der Zimmer sind klassisch, die anderen modern eingerichtet. Das Minihotel hat zwei Restaurants, das ZeZo Gourmet und das Restaurant Gaudí (Tel. 0034 971 82 95 55, www.santsalvador.com). Ruhig und preiswert geht es im kleinen Hotel Casal d'Artà am zentralen Platz vor dem Rathaus zu. Das Haus wurde 2024 von den neuen Betreibern liebevoll renoviert (Tel. 0034 657 14 72 68, www.casaldarta.com). Weithin sichtbar steht der mittelalterliche Turm Torre de Canyamel an der Straße von Artà nach Canyamel. Er kann leider nicht bestiegen werden, doch ein Stopp ist dort nicht verkehrt. Das Restaurant Porxada gleich daneben ist bekannt für die schmackhaften großen Portionen Spanferkel (Tel. 0034 971 84 13 10, So geschlossen).

WEITERE INFORMATIONEN

Talayot Ses Païsses: Mo–Fr 10–17 Uhr, Sa 10–14 Uhr, www.sespaisses.es
Höhlen von Artà: Mai–Okt. 10–18 Uhr, Nov.–April 10–17 Uhr, www.cuevasdearta.com

CAPDEPERA – CALA RAJADA

MALLORCAS GRÖSSTE BURG

Schon von Weitem ist die mächtige Burganlage von Capdepera zu sehen. Noch vor den Römern, die hier ein Kastell errichteten, nutzten die Ureinwohner die exponierte Lage zur Überwachung der Küste. Die kleine Stadt, bekannt für kunstvolle Flechtarbeiten aus den Blättern der Stechpalme, ist das Verwaltungszentrum des gesamten Küstengebiets mit dem wichtigen Hafen und Touristenort Cala Ratjada an der Spitze des Kaps.

Die beeindruckende Burganlage beherrscht den ganzen hinteren Teil der weit ins Mittelmeer ragenden Halbinsel. Sie wurde in diesen Ausmaßen im 14. Jahrhundert auf Befehl König Jaumes II ausgebaut, 150 Häuser standen einst innerhalb der zinnenbewehrten Mauern. Von der Dachterrasse der Kirche La Esperanza hat man einen herrlichen Blick auf die Küste. Die gesamte Anlage kann auf der wuchtigen Mauer umrundet werden. Nach der berühmtesten Sage hatten die Verteidiger der Burg in allergrößter Not eine Marienstatue auf die Mauer gestellt, worauf sich ein dichter Nebel erhob und die angreifenden arabischen Piraten in Panik versetzte. Die rettende Statue steht nun in der Pfarrkirche Sant Bartomeu am Fuß des Burgbergs. Die Stadt selbst birgt in ihren engen Gassen mehrere Geschäfte, die geflochtene Taschen, Hüte und andere Utensilien verkaufen, die aus den gebleichten Blättern der einheimischen Stechpalme Garballó hergestellt werden.

Halligalli im Hafen Cala Ratjada

Weit touristischer und damit auch belebter ist der vier Kilometer entfernte Hafen Cala Ratjada, um den in den letzten Jahrzehnten zahlreiche Villensiedlungen und große Hotels entstanden sind. Die Attraktion des Ortes sind die hervorragenden Strände, die sich südlich und auch westlich vom Hafen aus über weite Zonen erstrecken. Im Hafen liegt die nach Palma zweitgrößte aktive Fischerflotte der Insel. Vor der Lonja, der Verkaufsstelle der Meeresfrüchte – darunter die geschätzten und recht teuren Langusten –, trocknen die Fischer ihre Netze. Die lange Mole ist ein beliebter Weg für einen Spaziergang, eine Meeresbrise bringt hier immer Erfrischung. Am Hafen liegen auch einige gute Fischrestaurants wie Es Mollet. Spitzenküche mit französischem Touch bietet seit vielen Jahren das Ses Rotges (Carrer Rafael Blanes 21), das zusammen mit einem kleinen Hotel in einem alten Herrenhaus liegt. An der schönen Promenade reiht sich südlich des Hafens Restaurant an Kneipe, Musikpub an Cafeteria. Der autofreie Weg führt fast zwei Kilometer bis zu den Hotels am Strand von Son Moll und bietet sich vor allem für einen ausgedehnten Bummel am Abend an.

Der Skulpturengarten der Familie March

Auf einem grünen Hügel nördlich des Hafens thront die Villa der Bankiersfamilie March inmitten eines großen Parks. Juan March hatte das Grundstück 1915 gekauft und eine prächtige Sommerresidenz darauf errichtet. In der zweiten Hälfte des 20. Jahrhunderts wurde der Garten neu gestaltet und eine berühmte Skulpturensammlung angelegt. Auch wenn viele der riesigen Bäume vor einigen Jahren einem Sturm zum Opfer fielen, ist die verbliebene Vegetation sehenswert. Langsam heilen die Wunden des Unwetters, das allerdings den Abzug einiger der Skulpturen von Dalí, Rodin und Moore nach Palma auf die Terrasse des dortigen Palau March zur Folge hatte. Inzwischen kann der Park wieder besichtigt werden, allerdings nur im Rahmen einer Führung, organisiert von der Gemeinde.

Beliebte und belebte Strände

Bei den nördlich des Ortszentrums gelegenen Stränden ragt besonders die Cala Agulla hervor, an deren Ostseite sich viele der neuen und entsprechend riesigen Hotels konzentrieren. Der Strand selbst aber ist so gut wie unbebaut. Man kann mit dem Auto bis zu einem Parkplatz gleich oberhalb des Hauptstrands fahren und sich so den längeren Fußmarsch durch die Hotelgegend ersparen. Über einen steinigen Fußweg gelangt man in 20 Minuten zur etwas abgelegenen Cala Molto, die deshalb auch von vielen Nacktbadern besucht wird. Die noch weiter westlich gelegene Cala Mesquida kann nur über die direkte Zufahrtsstraße von Capdepera aus oder mit einem längeren Fußmarsch über eine felsige Klippe erreicht werden – am Meer entlang ist der Weg zwar schöner, aber noch weiter.

SPEISEN IN ANGENEHMER RUHE BEI MEERESRAUSCHEN – GANZ OHNE VERKEHR.

DAS BERÜHMTE FEST FÜR FISCHLIEBHABER

Massenweise strömen Einheimische und Touristen am zweiten Wochenende im Oktober zur beliebten »Feria de la Llampuga« in den Hafen. Llampuga ist eine Goldmakrele, die nur wenige Wochen in großen Schwärmen durch die balearischen Gewässer zieht. Der Gewitterfisch (Llamp heißt »Blitz« auf Mallorquin) erscheint zeitgleich mit den üblichen Unwettern im Herbst, daher sein Name. Der gesunde Blaufisch wird auf der Hafenmole in unzähligen Rezepten von renommierten Restaurants präsentiert.

WEITERE INFORMATIONEN

www.ajcapdepera.net
Führungen durch den Skulpturengarten:
Anmeldung im Tourismusbüro Cala Ratjada,
Plaça dels Pins, Carrer Castellet 5,
Tel. 0034 971 81 88 54

DER SÜDEN

Zu Fuß zur Traumbucht

MAGIE DER FARBEN: DIE ABENDLICH BELEUCHTETE CALA S'ALMUNIA IM BLICK VON OBEN.

39

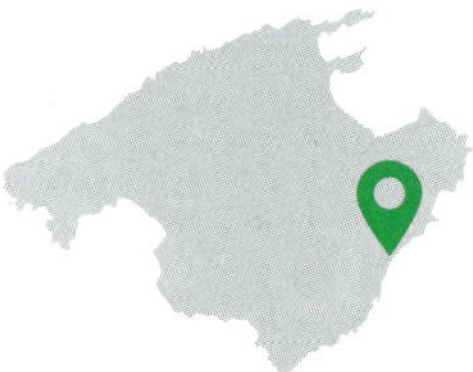

CALA VARQUES – AN DER OSTKÜSTE

BERGSTEIGEN ÜBER DER BRANDUNG

Überfüllte Strände, Tourismustrubel, Hotelhochhäuser – Natur sieht anders aus. Kletterer kennen an Mallorcas Ostküste jedoch geradezu alpine Highlights, darunter etwa 20 Meter hohe Felswände direkt am Meer. Auch Wanderer kommen an diesen Buchten kaum aus dem Staunen heraus.

Im Bereich der *marines,* deren Kalkgestein vor etwa fünf Millionen Jahren aus den Ablagerungen in Lagunen hinter Korallenriffen entstand, schickt jedes Unwetter schier unglaubliche Wassermassen ins Meer. So entstanden die *torrents*, die Schluchten, und an ihren Mündungen schmale Felsbuchten, die fast an die Fjorde Skandinaviens erinnern. Die Zersetzung des Gesteins ging auch unterirdisch weiter, bis kilometerlange Höhlen entstanden, in denen sich der gelöste Kalk stellenweise wieder als Sinter- und Tropfsteinschmuck ablagerte. Der Name der Coves dels Hams, einer viel besuchten Schauhöhle bei Porto Cristo, geht auf seltsam verformte Stalagmiten zurück (*hams* heißt »Haken«), während sich in den benachbarten Coves del Drac (Drachenhöhlen) einer der größten unterirdischen Seen der Welt verbirgt.

Stille über der Steilküste

Oberhalb davon erstreckt sich eine ebene, teils fast steppenartige Landschaft. Auch das dem Meer zugewandte Gemeindegebiet der Stadt Manacor, das Areal zwischen den Feriensiedlungen S'Estany d'en Mas (Cala Romàntica) und Cales de Mallorca, erscheint auf den ersten Blick flach wie ein Brett. Wer diesen Küstenbereich durchstreift, braucht jedoch Trittsicherheit und Schwindelfreiheit, da und dort sogar etwas Klettergewandtheit, denn man muss gleich neben dem im Sommer viel besuchten Sandstrand von S'Estany d'en Mas ein erstes Hindernis überwinden: einen 30 Meter hohen, stellenweise überhängenden Wandabbruch, der nur an einer einzigen Stelle einen Durchschlupf freigibt – über steile Felsstufen und künstlich aus dem Gestein geschlagene

Tritte. Nach dem letzten Klimmzug der große Kontrast: Hinter der Geländekante breitet sich flacher, steiniger Boden aus, aufgeheizt von der Sonne und ohne den Hauch eines Schattens. Im Osten das Meer, im Westen die Serres de Llevant – und im Süden die Hochhäuser der Cales de Mallorca, nur stecknadelgroß im Dunst, unermesslich weit weg.

ÜBER DIE GESTEINSBRÜCKE DER COVA DES PONT BALANCIEREN ODER ÜBERS SEIL? IN JEDEM FALL GIBT'S VIEL LUFT UND MEERWASSER UNTER DEN SOHLEN.

Per pedes zum Traumstrand

Wer nun in diese Richtung marschiert, kommt dem Ziel Traumstrand zwischen Klippen und scharfkantigem Gestein, Dissgrasbüscheln und niedrigem Garriguegebüsch zunächst nicht wirklich näher. Umso mehr überrascht nach gut einer Stunde Gehzeit der riesige Kessel einer zusammengestürzten Höhle mit einer natürlichen Felsbrücke, dem er seinen Namen verdankt: Cova des Pont. Glaube niemand, solche Naturereignisse hätten sich nur in grauer Urzeit ereignet: Die Meeresbrandung wirkt Tag für Tag, und von so manchem steinernen Naturwunder bleibt über Nacht nur ein Haufen Trümmer übrig.
Ganz in der Nähe befindet sich eines der schönsten Strand-Schmuckstücke der Ostküste: die Cala Varques – 80 Meter lang, hellgelb, feinsandig und von ein paar schattenspendenden Kiefern gesäumt –, ein Traumstrand, exklusiv für Fußgänger und Skipper. Vor allem in der Hochsaison drängen sich mitunter sehr viele Badegäste und manchmal weiden dort sogar Kühe, die ziemlich lästig werden können. Dennoch lohnt sich eine Badepause mit Blick zum flachen Felsvorsprung der Punta de Llevant. Der schirmt den Strand im Süden ab – allerdings nur halbherzig, denn vor Jahren verschlang eine Sturmflut den zweiten, kleineren Sandstreifen der Bucht. Und was Meerwasser mit Kalkfels so alles anzustellen vermag, zeigt ein kurzer Abstecher hinter die Hausruine der Landzunge: Nirgendwo sonst findet man so bizarr zerfressene, messerscharf zugespitzte und vielfach sogar durchlöcherte Steinformationen wie hier.

DIE PUNTA DE N'AMER
Auch zwischen den weiter nördlich gelegenen Hotelsiedlungen S'Illot und Cala Millor kennen Strandspaziergänger ein wenig bekanntes, aber von der Verbauung unberührt gebliebenes Stück Ostküstenlandschaft: die zwei Kilometer lange und 200 Hektar große Halbinsel der Punta de n'Amer. Das heißt: Ein Gebäude besteht dort schon, und zwar das gleichnamige Kastell, ein kleiner, kubischer Wehrbau, der zwischen 1693 und 1696 errichtet wurde. Er ist noch im Original samt Zugbrücke, Innen-Wendeltreppe und Kanone erhalten und begehbar. Davor lädt eine Bar zur Rast ein – da ist der Eineinhalb-Stunden-Spaziergang zwischen ausgedehnten Sanddünen, Kiefernwald und der felsigen Landspitze gleich noch einmal so schön.

WEITERE INFORMATIONEN
Cala Millor, Aktuelles über https://visitcalamillor.com

SANTANYÍ – PARADIES DER STRÄNDE

HELLE KLIPPEN UND GLITZERNDES WASSER

900 *multas* (Strafzettel) wegen Falschparkens sagen alles: Noch vor Kurzem herrschte Parkchaos vor den Traumbuchten von Santanyí. Im Jahr darauf sperrte die Gemeinde die Straße für auswärtige Besucher, richtete einen Shuttlebus ein und schuf einen Parkplatz in einiger Entfernung vom Meer.

Der erfreute sich im ersten Jahr seines Bestehens deutlich größerer Beliebtheit als der Bus – es steht also in den Sternen, wie es verkehrsmäßig vor der Cala s'Almunia und dem Caló des Moro weitergeht. Diese liegen in einem der schönsten Küstenbereiche des Migjorn, Mallorcas heißem Süden – und es wäre jammerschade, sie zu touristischen »Wegwerfprodukten« verkommen zu lassen. Zu einem achtsamen Besuch gehört auch das Bewusstsein, dass die Strände öffentlich zugänglich sind, ihr Umfeld jedoch Privatbesitz ist. Es ist also reines Entgegenkommen, dass man vom Carrer des Caló des Moro auf einer Treppe mit 120 Stufen zum Meer hinuntersteigen darf. Daher: Die Wege nicht verlassen, Lärm vermeiden, keinen Müll und kein Klopapier wegwerfen, bitte nicht rauchen – das ist doch nicht schwer!

Traumbuchten des Ostens

Es gibt ja auch kaum jemanden, dem das Herz angesichts des Caló des Moro nicht aufgehen würde: Kristallklares und durch die geschützte Lage meist sehr ruhiges Wasser glitzert da in einer L-förmigen, von Felswänden gesäumten Bucht, in der ein schmaler, aber 40 Meter langer Sandstreifen liegt. Wo Unterwasser-Felsüberhänge zum Schnorcheln einladen und sogar Kletterer ihr Glück finden. Schatten

DER CALÓ DES MORO IST EINER DER ALLERSCHÖNSTEN DER 262 MALLORQUINISCHEN STRÄNDE (LINKS). AUCH RUND HERUM GIBT ES EINIGES ZU ENTDECKEN.

kommt allerdings erst am späten Nachmittag.
Als ganz anders, aber genauso zauberhaft erweist sich die nahe, nur 15 Meter breite Cala s'Almunia mit ihren bunt bemalten Fischerhäuschen, die so manches Mallorca-Kalenderblatt zieren, aus denen aber natürlich längst Feriendomizile geworden sind. Gleich dahinter klafft ein natürliches Felsloch im Gestein – das haben das Salz und der unablässige Wellengang ebenso geschaffen wie die bizarren Strukturen im Küstengestein. Die beiden landschaftlichen Schmuckstücke sind nur durch eine kleine Ebene hinter einem 400 Meter langen, etwas bewaldeten Felsrücken über dem Meer getrennt.

Höhlenwasser und Strandversteck

Die vielgestaltige und bis zu 60 Meter hohe Klippenlandschaft setzt sich weiter nach Südwesten fort – über die Punta des Bauc, auf der große Steine an eine Siedlung aus der Talayot-Epoche Mallorcas erinnern, bis zum Caló des Marmols, dem einzigen Sandstrand im acht Kilometer langen Küstenverlauf zum Cap de ses Salines (siehe S. 126). Der ist heute noch so weltabgeschieden wie ehedem, denn es gibt nirgends eine Zufahrtsmöglichkeit für Autos, nur verschwiegene, verzweigte Pfade mit kurzen Felshindernissen und so mancher »Dschungelpassage« in der Macchia. Und es gibt runde, aus Steinbrocken erbaute Hirtenunterstände, Wiesen, die im Frühling eine pralle Blütenpracht entwickeln, und eine Karsthöhle, die vor Jahrmillionen ein unterirdischer Fluss schuf und aus der man einst Wasser für die Landwirtschaft pumpte: Mit einer noch vorhandenen Maschine schöpfte man Wasser aus der Höhle, das dann über eine Leitung in ein nahes Bewässerungsbecken floss. Unter der mit einem Drahtgeflecht abgesicherten Bodenöffnung dieser Cova des Drac ist allerdings nicht viel zu sehen – die weitaus berühmtere Höhle dieses Namens liegt bei Porto Cristo.
Nach fast zwei Stunden Pfadfinderei führt schließlich ein breiterer Weg hinab zur tief eingeschnittenen Bucht des Caló des Moro. Spätestens dort kann man sich gut vorstellen, warum diese Gegend bei den Schmugglern einst so beliebt war wie heute bei einsamkeitssuchenden Naturfreunden!

ROLF SCHAFFNERS »STEINPFERDE«

Sein bekanntestes Werk auf Mallorca steht auf dem Weg zum Aussichtpunkt vor der Felsbrücke Es Pontas bei Cala Santanyí: *Equilibrio*. Die neun aufeinandergestapelten Natursteinblöcke sind Teil eines Kunstwerks von Rolf Schaffner (1927–2008), einer internationalen Installation, zu der ähnliche Stelen in Köln, Wolgograd, Cork und Trondheim gehören. Viel weniger bekannt sind die Skulpturen *Rey y Reina* des deutschen Wahl-Mallorquiners; sie stehen in einem Kreisverkehr knapp zwei Kilometer südwestlich von Santanyí, an der Straße Ma-6100 nach Es Llombards. In einem wilden Strauchhain dahinter versteckt sich eines seiner eindrucksvollsten Kunstwerke: die *Caballos*, sieben riesige, 1963 aus Steinen errichtete Pferde, die fast wie von einem anderen Stern wirken.

WEITERE INFORMATIONEN

Rolf Schaffner, Touren zu den Werken des Künstlers: https://kunst-touren-mallorca.com, www.mysantanyi.com; weitere Informationen über www.rolf-schaffner.com

EINE TRAUMBUCHT VON VIELEN –
DER CALÓ DES MORO BEI CALA LLOMBARDS.

41

CALA FIGUERA – FEIGENBUCHT MIT FLAIR

HIER GEHEN DIE UHREN LANGSAMER

Der kleine Fischerhafen Cala Figuera an der Südspitze Mallorcas ist eine Art Geheimtipp, der nur selten bei Reiseveranstaltern auftaucht. Wegen fehlender Badestrände ist der Massentourismus an der ruhigen Enklave vorübergegangen, es gibt nur einige kleine Hotels und Pensionen. Wegen dieser Ursprünglichkeit ist der Ort, der an weit ins Land weichenden fjordartigen Meeresarmen liegt, allerdings ein beliebtes Ausflugsziel.

Cala Figuera ist der Fischer- und Versorgungshafen des ruhigen Landstädtchens Santanyí, das etwa fünf Kilometer weit im Landesinneren liegt. Kurz vor dem Hafen fällt die Straße steil ab, die Zufahrt zu den Anlegestellen ist am Ende für den normalen Verkehr gesperrt.

Malerischer Fischerhafen

Wegen der fehlenden touristischen Infrastruktur ist der Ort selbst die Attraktion. Viele der einfachen Fischerhäuser und Villen sind in die hohen Felsen um den Naturhafen gebaut. Einige steile Treppen führen in das obere Dorf. An der kleinen Mole am Ende der Zufahrt landen die Fischerboote jeden Nachmittag ihren Fang an, der dann in der kleinen Fischhalle verkauft wird. Dahinter zieht sich eine lange Reihe von Liegeplätzen für kleine Segler und Sportboote um die Caló d'en Boire, wie der größere der beiden lang gestreckten Meeresarme heißt. Dieser Fjord kann ebenso wie der anschließende Caló d'en Busques auf einem Weg aus schwankenden Holzbohlen, die am felsigen Ufer befestigt sind, umrundet werden. Über den alten Wachturm Torre d'en Béu gelangt man an die dem Ort gegenüberliegende, von einem Leuchtturm bewachte Felsspitze. Links und rechts der Zufahrt zum Hafen laden einige Restaurants ein. Von ihren Terrassen kann man das Ein- und Auslaufen der Schiffe beobachten. Einen etwas besseren Ruf genießen die Lokale Es Port und L'Arcada, die allerdings etwas höher, am Ende der Fußgängerzone, liegen. Ein besonderes Restaurant ist das Pura Vida, das zu anspruchsvollen Speisen eine einmalige Aussicht auf das Meer bietet. Seine gestaffelten Terrassen liegen auf der hohen Klippe an der Südseite des Ortes. Das Hotel Villa Sirena, das unübersehbar über der Hafeneinfahrt thront und über eine eigene Badeplattform verfügt, hat an der meerabgewandten Seite einige preiswertere Apartments. Neben dem Hotel führt eine steile Treppe bis zum Meer, über eine Leiter kommen geübte Schwimmer gleich ins tiefe Wasser. Beliebt sind auch die 14 Apartments der Villa Primera, nur fünf Minuten zu Fuß vom Hafen entfernt. Wer zu einem Sandstrand möchte, kann mit dem Boot von Cala Figuera aus nach Cala Santanyí und Cala Lombards tuckern. Im Sommer gibt es auch eine maritime Linie zu den beiden Badestränden des Naturparks Mondragó, der einige Kilometer weiter nördlich liegt. Während an der Bucht gleichen Namens einige Bars und Restaurants für Speise und Trank sorgen, ist die benachbarte Platja de S'Armarrador fast jungfräulich und erfordert Selbstversorgung.

Santanyí – unruhige Vergangenheit, ruhige Gegenwart

Das geruhsame Leben in Santanyí, dem südlichsten Städtchen Mallorcas, wird nur am Mittwoch und Samstag vom Markt unterbrochen. Doch das Leben hier war nicht immer so friedlich, die Stadt war bis zum 18. Jahrhundert heftigen Piratenangriffen ausgesetzt, die auch mit Geiselnahmen verbunden waren: Viele Familien verloren ihr gesamtes Vermögen, um ihre Familienmitglieder wieder freizukaufen. So suchten die Bewohner Schutz hinter dicken Mauern, noch heute sind davon einige im Stadtbild zu sehen. Auffallend sind die prächtigen, ockerfarbigen oder gelben Patrizierhäuser im Ortskern, die sehr einheitlich mit dem berühmten Santanyí-Sandstein aus den umliegenden Steinbrüchen erbaut sind. Rund um den zentralen Platz an der Kirche Sant Andreu Apóstol liegen einige nette Restaurants, Kneipen und Kunstgalerien. Die Kirche selbst besitzt eine prachtvolle Orgel aus dem 18. Jahrhundert. Der katalanische Königliche Orgelbaumeister Jordi Bosch konstruierte sie ursprünglich für ein Kloster in Palma, und als dieses aufgelassen wurde, kam sie hierher. Ihre kunstvolle Bauart und ihr herrlicher Klang machten sie weithin berühmt. Die Andreaskirche wurde im 18. Jahrhundert umgebaut, von der ursprünglichen Wehrkirche blieb nur die Kapelle El Roser übrig, die Rosenkranzkapelle mit einem schönen gotischen Kreuzrippengewölbe.

EIN HERZ FÜR KINDER

Besonders kinderfreundlich – mit eigenem Kinderhaus zum Spielen unter Aufsicht – ist das Hotel Cala Santanyi, das auch großzügige Apartments anbietet. Der Strand der kleinen, südlich von Cala Figuera liegenden Bucht mit sanft abfallendem Einstieg ist für die Kleinsten gut geeignet. Das Strandrestaurant dient nicht nur der Erfrischung und Stärkung. Von hier aus können Kinder auch leicht beobachtet werden (www.hotelcalasantanyi.com, Tel.: 0034 971 165505).

KULTURTREFF

Eine kuriose Mischung aus Musikbar, Kneipe und Galerie ist Sa Cova am Marktplatz in Santanyí. Oft gibt es Livekonzerte der ruhigeren Art, Ausstellungen und allerlei andere Kulturevents. Der Clou: Einrichtung und Dekoration wechseln ständig, da auch sie zum Verkauf angeboten werden.

WEITERE INFORMATIONEN

Sa Cova, Tel. 0034 9711 63370

ABENTEUERSPIELPLATZ AM HAFEN.

42

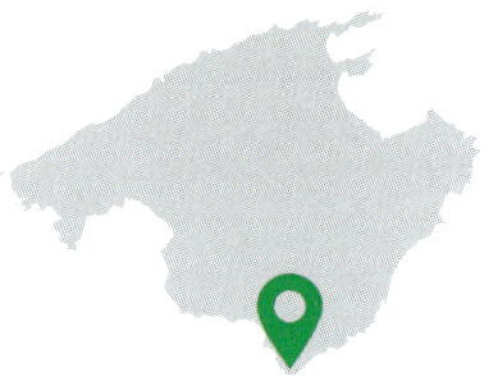

CAP DE SES SALINES – STRANDTRÄUME AM SÜDPOL

WEGE AM ENDE DER INSEL

Finis terrae, Land's End, rien ne va plus: Diese Begriffe mögen einem am Cap de ses Salines, dem südlichsten Punkt der Insel Mallorca, in den Sinn kommen. Aber nein, da geht doch noch einiges, zum Beispiel ein langer Spaziergang von Strand zu Strand, Kurs Nord.

Oder man türmt neben den unzähligen Steintürmchen auf den Küstenfelsen noch ein neues auf. Der höchste Turm in diesem Land-Art-Ambiente stammt aus dem Jahr 1863: der Far des Cap de ses Salines, ein 17 Meter hoher und weiß gestrichener Leuchtturm, der sogar ein wenig Technikgeschichte schrieb: Ein erstes Experiment, seine benötigte Energie durch den Wind zu gewinnen, schlug aufgrund der rasch wechselnden Luftströme fehl. Aber seit 1980 wird die Anlage als erste in Spanien mit Solarenergie versorgt. Alle 20 Sekunden schickt sie ihre Blitze übers Meer, das oft mit haushohen Wellen und spritzender Gischt ans Ufer klatscht. Manchmal blickt man jedoch über ruhige See zur 14 Kilometer entfernten Insel Cabrera hinüber – das ist der allersüdlichste Punkt Mallorcas, dahinter gibt's nur noch Wasser, 270 Kilometer weit bis Algier.

Schnell mal zur Schneckenbucht

So lange muss man nicht laufen, um zum nächsten Badestrand – dem südlichsten der Insel – zu gelangen: Er ist nur 30 Minuten entfernt. Der Weg dorthin beginnt vor dem Tor des Küstenforschungsinstituts und führt durch eine felsige Landschaft, die bis heute ohne Gastronomie blieb und daher kein lohnendes Ziel für Reisebusse bildet. Landseitig wird er begleitet von einem durchgehenden Begrenzungszaun, der Wanderer vor dem Verirren schützt – und die Ban-

kiersfamilie March vor neugierigen Blicken. Zehn Kilometer ist sie lang, diese strikte und auch überwachte Grenze zu ihrem Privateigentum. Man kann sich vorstellen, wie ausgedehnt die dahinter gelegenen Ländereien von Sa Vall sind; angeblich handelt es sich um das zweitgrößte Grundstück der Insel.
Frei zugänglich ist jedoch der halbkreisförmige Sandstreifen der Platja des Caragol, die sich hinter der Landzunge Punta Negra öffnet. Die 500 Meter lange »Schneckenbucht« blieb abgesehen von einem Strandhaus und einem kleinen Betonbunker aus der Zeit des Spanischen Bürgerkriegs unberührt. Über dem oft smaragdgrünen Wasser staffeln sich bewachsene Dünen, und vor ihrem Nordrand »schwimmt« ein Inselchen namens Illot d'en Curt. Wenn man sich jetzt noch Palmen vorstellt, hat man die Karibik vor Augen.

GLETSCHERGIPFEL AUF MALLORCA? DIE »SALZBERGE« DES SÜDENS (LINKS) FASZINIEREN EBENSO WIE DAS OFT STURMUMTOSTE »SÜDKAP« DER INSEL (UNTEN).

Niemandsland, Kurs Nord

Wer weiterwandern möchte, folgt der Strandlinie nach Norden, vorbei an einem kleinen Hügel mit alten Steinbrüchen und einer Hüttenruine auf der Höhe des Inselchens Illot de Can Curt und an der zur Punta de s'Arena. Auf gut begehbaren Pfaden und manchmal etwas mühsam durch Schutt erreicht man die kleine Landzunge der Punta Galera, hinter der die tief eingeschnittene Cala en Tugores liegt. Diese Bucht lädt kaum zum Baden ein; sie wird daher auf gelbem Sandstein und meterhoch angeschwemmten Haufen der – für die Ökologie der Küsten so wichtigen – Alge *Posidonia oceania* umgangen.
Ein felsiger Küstenstreifen schließt auf zur Punta de sa Tianeta und zum langen, meist nur wenig besuchten Sandstrand der Platja de ses Roquetes. Badeträume erfüllen auch die folgenden kleineren Buchen Es Carbó und Es Delfí, bevor man das letzte Strand-Highlight dieses Küstenabschnitts erreicht: die Platja des Dolç. Und ihren Kiosk, in dem es supergute Bocadillos gibt und weiße Sangria mit Weintrauben, Orange, Zitrone und Eis. Was für eine frische Überraschung, bevor man quer über die Platja des Port und auf dem gemauerten Küstenweg im quirligen Tourismusort Colònia de Sant Jordi einläuft!

DAS SALZ DES SÜDENS

Migjorn, der Süden Mallorcas, macht seinem Namen (»Mittag«) alle Ehre. In diesem flachen Landstrich ist noch viel Ursprüngliches zu entdecken – etwa die Salzbecken im Hinterland des berühmten Sandstrands der Platja des Trenc: In den Salines de s'Avall bei Colònia de Sant Jordi und im Salobrar, dem »Salzvorkommen« im sumpfigen Vogelparadies nahe dem Landstädtchen Campos, leitet man Meerwasser in fußballfeldgroße Becken. Nach der Verdunstung bleibt mineralreiches Salz übrig – eine Technik, die schon die Punier im vierten vorchristlichen Jahrhundert beherrschten. Von Weitem prägen dort weiße Salzhaufen das flache Land – wie ein verschneites Miniaturgebirge, das sich erst bei genauerem Hinsehen als Milliarden glitzernder Kristalle entpuppt.

WEITERE INFORMATIONEN
Meersalz aus Mallorca,
http://flordesaldestrenc.com

MORGENSTIMMUNG IN DER BUCHT VON CABRERA.

WILD UND FAST UNBEWOHNT
IST DIE HAUPTINSEL DES ARCHIPELS.

43

CABRERA – DIE MUTTER ALLER INSELN

EINE NACHT BEI DEN GEISTERN

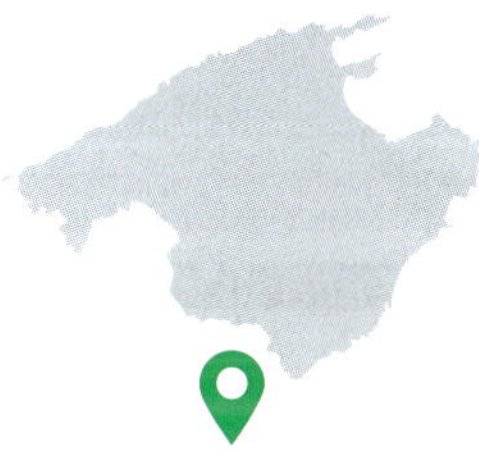

Knapp zehn Seemeilen südlich von Mallorca liegt der Cabrera-Archipel, ein Nationalpark aus 17 kleinen und einer etwas größeren Insel. Seit ein paar Jahren gibt es dort eine einfache Herberge für Menschen, die die Stille lieben – und keine Angst haben vor den Geistern der Vergangenheit.

Der junge Kapitän steuert das offene Schnellboot in die Bucht von Cabrera. Links und rechts ragen schroffe Felsbrocken auf. Sie sehen bedrohlich aus, fast so, als wollten sie die Ankommenden noch einmal prüfen: Wollt ihr wirklich nach Cabrera, kennt ihr nicht das Geheimnis dieser verfluchten Schönheit? Dieses Naturparadies mit dem klaren Meerwasser, was soll es damit schon Besonderes auf sich haben? Wer das kleine Buch *Magisches Cabrera* von Carlos Garrido kennt, wird neben Vorfreude auch ein schauriges Kribbeln spüren. Der Journalist aus Barcelona schrieb vor über 30 Jahren über die Insel. Und er war nicht der Erste. Der mallorquinische Autor Cosme Aguiló sagt über die Ziegeninsel im Süden von Mallorca, sie sei eine *Reserva del misteri*, ein Schutzgebiet der Mysterien. Inzwischen hat das Boot an der rund 50 Meter langen Mole angelegt. Zwei betagte Fischkutter liegen da und ein Schnellboot der Guardia Civil. Dahinter öffnet sich ein Platz mit ein paar Gebäuden. »Es Port«, der Hafen, so heißt das Zentrum dieser kleinen Welt. Hier gibt es ein Büro der Nationalparkverwaltung und eines der Militärs. Obwohl Cabrera seit 1991 Nationalpark ist, gehört die Inselgruppe den spanischen Streitkräften. Es gibt einen Schutzraum für Fischer, eine Toilette und, ganz wichtig, eine Kantine. Sonst nichts, nur das grelle Mittagslicht und die Aussicht auf viel Ruhe und viel Natur. So muss es vor 100 Jahren auf Mallorca ausgesehen haben.

Spuren missglückter Besiedlung

Wer hier übernachten will, muss online oder per Telefon reservieren und 65 Euro für eine Nacht über-

DAS CASTILLO DE CABRERA, EINE BURGANLAGE AUS DEM 14. JAHRHUNDERT.

weisen. Duschen kann man nur morgens oder abends, Rauchen ist verboten, außer am Hafen. Auf dem Smartphone surfen oder telefonieren ist schwierig, zur Not muss man hoch zur Burg, die im 14. Jahrhundert gegen die ständige Piratengefahr erbaut wurde. In der Nacht über die dunkle Insel zu stolpern ist verboten, es gibt so etwas wie eine nächtliche Ausgangssperre. Auf eigene Faust darf man nur einen kleinen Teil der Insel erkunden. Am besten bucht man vorab eine Rangertour.

Um zu den Fundamenten eines ehemaligen Miniklosters zu gelangen, braucht man jedoch keinen Ranger, es ist nur ein kurzer Spaziergang vom Hafen. Einige Mönche lebten zwischen dem 6. und 8. Jahrhundert hier. Im Jahr 603 schickte Papst Gregor der Große einen Gesandten, damit der nach dem Rechten sehe, denn die Ordensbrüder hatten sich offenbar verschiedener Vergehen schuldig gemacht. Hatten sie nackt am Strand getanzt? Piraterie betrieben?

Wo früher die Mönche lebten, versuchte viel später eine Familie namens Feliu bis ins Jahr 1916, Wein anzubauen, Schafe zu halten und überhaupt Landwirtschaft zu betreiben. Es war der letzte von mehreren gescheiterten Versuchen, die Insel zu bevölkern und wirtschaftlich zu nutzen. Nachdem im 2. Weltkrieg ein deutsches U-Boot in der Hafenbucht aufgetaucht war, wurde Cabrera dem spanischen Militär unterstellt. Das Inselmuseum nutzt die ehemalige Bodega der Familie Feliu, ausgestellt sind unter anderem Amphoren der sieben antiken Schiffswracks, die vor der Insel gefunden wurden, die Architekturzeichnung eines Luxushotels, das um 1940 gebaut werden sollte, und Bilder über die Ankunft der ersten Urlauber in den 1910er-Jahren.

Ursprüngliche Natur und traurige Vergangenheit

Die Landschaft wirkt nicht besonders spektakulär. Das bergige Relief ist von kompaktem, kleinwüchsigem Grün überzogen, und erst wenn man sich darauf einlässt, fächert es sich auf. In unzähligen Schattierungen von hell bis dunkelgrün, in Orange-, Rot- und Gelbtönen zeigt sich dann diese wilde, vom Menschen unbeeinflusste Vegetation. Die Südküste mit ihren vorgelagerten Felsinseln und Steilwänden ist wilder als der Norden. Die Buchten sind für Segel- oder Motorboote tabu. Ungewöhnlich klar ist das Wasser.

Cabrera ist aber genauso ein Ort der Spuk- und Gruselgeschichten. Das liegt sicher auch an seiner unseligen Vergangenheit, an den Jahren 1809 bis 1814. Nachdem die Besiedlung im ausgehenden 18. Jahrhundert fehlgeschlagen war, überlegte man, ein Militärkrankenhaus zu errichten und mithilfe von Gefangenen die Landwirtschaft voranzubringen. Doch es kam anders. 1808 wurden die Truppen Napoleons in der Schlacht von Bailén in Andalusien geschlagen. Wohin nun mit den Kriegsgefangenen? 1809 wurden 4500 Gefangene von Puerto de Santa María bei Cádiz auf die Ziegeninsel gebracht. In den folgenden Jahren stieg die Zahl auf insgesamt 9000. Sie wurden weitgehend sich selbst überlassen. Auf einem Eiland, das nur minimale Süßwasserreserven hat, auf dem keine großen Tiere leben und sich kaum etwas anbauen lässt, musste es zur Katastrophe kommen. Überlebende berichteten, dass sie gar nicht damit nachkamen, die Toten zu bestatten. Nach dem Ende der Napoleonischen Kriege waren nur noch rund 3500 Gefangene am Leben.

Die Bar ist das Wohnzimmer

Der beste Ort, um dunkle Gedanken loszuwerden, ist die Cantina. Für die rund 20 Inselbewohner ist sie nicht nur ein Wohnzimmer, sondern auch eine Art Theater. Im Sommer wird hier jeden Tag ein anderes Stück gespielt, jeden Tag sitzen andere Gesichter an den vier Tischen, reden anders, verhalten sich anders, sehen anders aus. Von Herbst bis Frühling aber haben die Insulaner nur sich, dann ist Cabrera so einsam, wie es ein Felsbrocken im Meer nur sein kann. Um neun macht das Lokal zu, wer ein Zimmer in der Herberge gebucht hat, ist jetzt allein mit sich, der Nacht und dem Wind.

Der ist weder laut noch stark. Er klingt, als käme er aus einer Zeit, als das Mittelmeer fast die ganze Welt bedeutete. »Cabrera ist der einzige Ort unseres Meeres, der bewahrt wurde, wie Odysseus ihn gekannt haben könnte.« Auch dieses Zitat stammt aus dem Büchlein von Carlos Garrido. Er zitiert Félix Rodríguez de la Fuente, einen 1980 verstorbenen Biologen, der sozusagen der Bernhard Grzimek von Spanien war.

Der frühe Morgen ist wunderbar. Nur das Windrauschen und Vogelgezwitscher, keine Motoren, kein Hintergrundbrummen, keine Stimmen. Es ist ein Vergnügen, um die Bucht zu wandern, zu sehen, wie das Morgenlicht die Hügel und das Meer zum Leben erweckt. Gegen zwölf kommt das Schnellboot mit den Ausflugsgästen aus Colònia de Sant Jordi. Einige werden in die Bar einkehren, andere gehen baden. Nur wer über Nacht bleibt, wird etwas von der Magie Cabreras ahnen.

BESUCHERZENTRUM NATIONALPARK CABRERA

Um sich über Cabrera und den Nationalpark zu informieren, muss man nicht unbedingt dorthin übersetzen. Man kann auch in Colònia de Sant Jordi bleiben und ins Besucherzentrum des Nationalparks gehen. Es liegt in der Nähe des Hafens und erinnert mit seiner Natursteinfassade an eine Mixtur aus Felseninsel und Talayot-Turm. Der Besucher lernt in 18 Aquarien mit vielen heimischen Meeresbewohnern zunächst die Unterwasserwelt des Nationalparks kennen. Auf einem schraubenförmigen Umgang steigt man an dem riesigen Wandgemälde »Die Spirale der Zeit« hinauf. Oben angekommen, lässt sich bei gutem Wetter problemlos die Inselgruppe im Süden ausmachen.

WEITERE INFORMATIONEN

Centro de Visitantes de Cabrera
in Colònia de Sant Jordi, Juni–Sept. tgl. 10–19, Okt., Nov. und Jan.–Mai tgl. 10–18 Uhr, Tel. 0034 971 65 62 82

Albergue de Cabrera, Reservierung über das Besucherzentrum (s. o.) und http://cvcabrera.es/albergue-de-cabrera

Fahrt nach Cabrera, z. B. mit Marcabrera, Avda. G. Roca 20, Colònia de Sant Jordi, Tel. 0034 971 65 64 03, www.marcabrera.com

EIN DENKMAL ERINNERT AN DIE GEFANGENEN, DIE AUF CABRERA VERGESSEN WURDEN.

CALA PI, CAP BLANC – URALTE FJORDLANDSCHAFT

TÜRME AUF DEM KORALLENRIFF

Auf Flugaufnahmen oder Satellitenbildern erkennt man es deutlich: Straßen schlängeln sich durch den schütteren Kiefernwald über der Steilküste – Boten aus einer Zeit des ungehemmten Baubooms, der zwischen der Cala Pi und dem Cap Blanc gottlob nie in die Gänge kam.

Was man noch sieht: Die Küste erscheint als breiter, heller Streifen – dies ist eine der eindrucksvollsten Steilküsten Mallorcas, der bis zu 80 Meter hohe Abbruch der Marina de Llucmajor. Dieser Küstenbereich besteht aus Gestein, das im Tertiär zwischen dem Berg von Randa (siehe S. 160) und einem Korallenriff abgelagert wurde. Das Riff grenzte das offene Meer von einer Lagune ab; alles, was von den Bergen herabgeschwemmt wurde, blieb darin liegen. Die Korallengebilde waren nichts anderes als jene Barrieren, die man heute aus der Karibik oder der Südseee kennt. Korallen konnten sich damals wie heute nur bei Wassertemperaturen um 20 Grad entwickeln. In den Felsen des Cap Blanc findet man noch heute versteinerte Korallen, die an das einstige Tierleben in der Meerestiefe erinnern.

Der Ausguck über dem weißen Kap

An der Küste findet man außerdem einen Wachturm, der zwischen 1579 und 1584 zum Schutz vor Seeräubern errichtet wurde. Der schönste Weg dorthin beginnt vier Kilometer weiter östlich bei einem weiteren Turm, Baujahr 1451, der 20 Meter über der Cala Pi thront, einem der bekanntesten »Fjorde« der Südküste, den periodisch, aber dann meist sehr ungestüm fließende Wildbäche aus dem Gestein gefräst haben. Im hinteren Bereich der Bucht lädt ein 50 Meter breiter Sandstrand gleich zu Beginn der Tour zum Planschen ein. Jenseits steht ein Bootsschuppen, hinter dem man bei einer Seilwinde für Boote rechts auf zwei kurzen Steintreppen und Felsstufen wieder zum oberen Rand der Bucht ansteigt. Dort führt ein breiter Weg hinaus zum offenen Meer, über dem man um

VOM BADEPARADIES AN DER CALA PI (LINKS) GEHT'S GERADEWEGS IN DIE WILDE LANDSCHAFT AN DER STEILKÜSTE (UNTEN).

den schmaleren Einschnitt der Cala Beltràn herumgeht. Von der nahen Punta de Capocorb erblickt man dann schon das eindrucksvoll aufragende Cap Blanc mit seinem Turm.

Kletterklippen und Riesenbucht

Dazwischen entdeckt man jedoch ein kaum bekanntes geologisches Phänomen: Die Terrasse Els Bancals (»die Bänke«) – die graue Riff-Oberfläche – verschmälert sich zusehends über den Küstenklippen, während rechts daneben flache, auffällig rötlich und gelblich gefärbte Schichten aus Dünensandsteinen aufragen, die während der Eiszeiten abgelagert wurden. Oberhalb davon steigt die mit Steinmännchen gekennzeichnete Route Richtung Kap an – wer schwindelfrei ist, kann jedoch ein kurzes Stück mitten in diese Wände vordringen. Das sollte man allerdings nur bei ruhigem Meeresspiegel tun, denn nach einem Sturm schwappt die Gischt der herandonnernden Brecher unerwartet hoch und kräftig empor. Oben an der Küstenkante findet man eine Waldstraße und bald darauf einen runden Hirtenunterstand, der wie ein steinernes Iglu wirkt. Unterhalb des steppenartigen Geländes öffnet sich das Rund der Bucht Es Carril. Zuletzt gelangt man zur längst aufgelassenen Zona Militar, in der zehn Meter hohe Torre de Cap Blanc steht. Statt einer Strickleiter erklimmt man inzwischen eine aus Eisen zu seinem hochgelegenen Tor. Türme wie dieser waren meist mit zwei bis vier Mann besetzt. Im Fall von Gefahr lief die Nachricht mit Feuer- oder Rauchzeichen von Turm zu Turm wie das sprichwörtliche Lauffeuer bis zur nächsten Ortschaft und weiter zum Militärkommando in Palma. Heute ist es ganz friedlich hier; heute muss man im Blickfeld kein Ungemach fürchten, sondern kann sich ganz dem opulenten Schaugenuss hingeben.

CABRERA ÜBERM TELLERRAND

Streifenbrasse gibt's eben nur im April, wenn sie auf der Insel verfügbar ist. Frische lautet das Credo bei Fisch und Fleisch, das täglich aus der Umgebung angeliefert wird. Und die Kräuter kommen aus dem Naturkräutergarten gleich neben der Terrasse, auf der man im Restaurant Mirador de Cabrera in Vallgornera, dem östlichen Nachbarort von Cala Pi, ganz vorzüglich speist. Der Name ist Programm – die kleine, südliche Nachbarinsel ziert den Meereshorizont über den Tischen. Ein Platz zum Verlieben! Und wer die Spezialitäten dieses besonderen Restaurants auch zu Hause genießen möchte: Es werden ebenso Kochkurse und Private Cooking angeboten.

WEITERE INFORMATIONEN

Restaurante Mirador de Cabrera,
Carrer de Murillo 8, Vollgornera,
Tel. 0034 971 12 33 38,
www.mirador-de-cabrera.com

DIE INSELMITTE

Wo das Herz Mallorcas schlägt

HERRSCHAFTLICHE LANDGÜTER WIE RAIXA HABEN ÜBER JAHRHUNDERTE DAS LEBEN AUF DER INSEL GEPRÄGT.

45

RAIXA – DIE VILLA DES KARDINALS

ERINNERUNGEN AN DIE TOSKANA

In den verwunschenen Gärten von Raixa, einem Landgut, das bis auf das arabische Mittelalter zurückgeht, taucht man in die Welt eines kunstsinnigen Kardinals ein. Zwischen wilder und gestalteter Natur hält sich trotz der Renovierung der *possessió* und der darin gezeigten Ausstellung über die Serra de Tramuntana als Kulturraum eine angenehme Melancholie.

Im Mittelalter befanden sich die begehrtesten Wohnlagen nicht wie heute etwa in Port d'Andratx oder im Künstlerstädtchen Deià, sondern an der Südostflanke der Serra de Tramuntana. Dort schützen die Berge noch heute die Anbauflächen vor Frost und starken Winden. Mindestens genauso wichtig: Für mallorquinische Verhältnisse ist die Region geradezu wasserreich.

Kein Wunder, dass dort etliche große und herrschaftliche Anwesen zu finden sind. Viele Mallorca-Reisende besuchen das Museumsgut La Granja oder die Jardins d'Alfabia mit ihren schönen Gärten und historischen Anlagen. Weniger bekannt und besucht ist das palastartige Landgut Raixa, obwohl es eines der schönsten der Insel ist.

Raixa liegt wie die Jardins d'Alfabia an der Ma-11, die von Palma nach Sóller führt. Den Kern der 52 Hektar großen *possessió* – so werden auf Mallorca die großen landwirtschaftlichen Anwesen genannt – bildet ein zwei- bis dreistöckiges Gebäudekarree, das sich um eine *clastra*, einen Innenhof, gruppiert. Diesen Bautyp, also Gebäude, die einen gepflasterten Hof umschließen, findet man häufig bei historischen Gütern auf Mallorca. Meist wächst eine Palme im Hof, die wie ein Fahnenmast das Landgut markiert.

Raixa stand lange leer. Ende der 1990er-Jahre wollte die Erbengemeinschaft das damals stark restaurierungsbedürftige Kulturdenkmal verkaufen. Sie hatte sogar schon eine prominente Käuferin gefunden: Unter den Bietern machte die deutsche Modeschöpferin Jil Sander das Rennen und unterzeichnete 2001 eine Kaufoption. Nach Protesten der mallorquinischen Öffentlichkeit und der Angst vor dem Ausverkauf der Insel machte der Inselrat von Mallorca

ALTER BAUMBESTAND IM NEU ANGELEGTEN PARK – IN DEN AUSSENANLAGEN VON RAIXA KANN MAN SICH STUNDEN AUFHALTEN.

von seinem Vorkaufsrecht Gebrauch und ließ Raixa restaurieren und für Besucher öffnen. Dafür werden auch Gelder aus der Ökosteuer eingesetzt, die jeder Mallorca-Urlauber vergleichbar mit einer Kurtaxe bezahlt.

Hercule Poirot ermittelt im Park

Gut erhalten sind die ehemalige Küche und das Gemach des Kardinals Despuig, der das Landgut in den ersten Jahren des 19. Jahrhunderts im Stil einer toskanischen Villa umbauen ließ. In den herrschaftlichen Räumen des Haupthauses ist eine Ausstellung zu Umwelt, Architektur und Ethnologie des Welterbes Tramuntana-Gebirge zu sehen. Der eigentliche Reiz von Raixa liegt aber im gesamten Ensemble aus Gärten, Wasseranlagen und Palast. So bietet sich von der eleganten Loggia des Haupthauses der Blick über den unteren Garten, unterteilt in vier regelmäßige Parterres und ein englisch inspiriertes Gartenareal mit Palmen, Zypressen, Washingtonia- und Araucaria-Bäumen. Auf der Bergseite führt eine imposante Freitreppe den Hang hinauf, und nach Westen hin erstreckt sich ein enormes Wasserreservoir mit einer Oberfläche von 1400 Quadratmetern. Von der Aussichtsterrasse am Rand des Teichs bietet sich ein wunderschöner Blick über das stille Tal. Der höchstgelegene Teil der Anlage, der steile Trockengarten Sa Muntanyeta, wird nicht mehr von dem Wassersystem gespeist und zeigt daher einen ganz anderen Charakter. Die wildromantische Atmosphäre wird verstärkt durch eine künstlich angelegte Grotte, einen neomaurischen Aussichtspunkt, eine Kapelle und einen neoklassizistischen Rundtempel.
Die Gartenanlage wurde übrigens mehrfach als Filmkulisse genutzt. Wer mit Hercule Poirot auf Verbrecherjagd gehen will, wird in *Das Böse unter der Sonne* irgendwann auch in Raixa landen.

BUNYOLA
Im dichten Netz der touristischen Spots auf Mallorca fällt Bunyola durch die Maschen. Das ist auch gut so, denn so kann man nach dem Besuch von Raixa einen Kaffee oder was auch immer auf dem schönen Kirchplatz einnehmen, ohne etwas anschauen zu müssen oder selbst als touristisches Herdentier angesehen zu werden. Die entspannte Normalität wird an Samstagvormittagen zum angenehmen Trubel. Dann werden rund um die Pfarrkirche Sant Mateu bunte Stände mit Obst und Gemüse, Kleidern, Haushaltswaren, Fleisch und Käse aufgebaut – eben alles, was man zum Leben so braucht. Wer möchte, macht nun doch ein bisschen Sightseeing und zündet in der Pfarrkirche mit ihrem schönen Marmoraltar eine Kerze an.

WEITERE INFORMATIONEN
Raixa, Ctra. Palma–Sóller (Ma-11) km 12,2;
Di–Sa 10–15 Uhr, https://raixa.conselldemallorca.cat/de/home

46

ORIENT – DURCH WALD UND WASSER

KASKADEN IN DER WILDNIS

Wenn's schüttet, dann bleibt man besser im Hotel, geht gut essen oder besichtigt ein Museum. Wenn die ersten Sonnenstrahlen zwischen den letzten Regentropfen hervorblitzen, ist jedoch keine Zeit zu verlieren: Mallorcas Wasserfälle bekommen nur Kurzentschlossene zu Gesicht.

Wo in der Karte *salt* steht, da zischt in der Natur Mallorcas Wasser in die Tiefe – allerdings nur nach kräftigen Niederschlägen. Wer solche Naturwunder ohne Seil, Helm und Neoprenanzug erkunden möchte, wird beispielsweise im Hochtal von Orient fündig. Orient – das klingt nach Märchen aus Tausendundeiner Nacht. Tatsächlich ist das kleine Dorf, eingebettet zwischen dem kahlen Hauptkamm der Serra de Tramuntana und seinen waldreichen Vorbergen, nur gut 25 Kilometer von Palma entfernt.

Durchs Wasser zum Wasserfall

Eines der schönsten Wanderziele ist dort der Waldgraben von Coanegra, der eineinhalb Kilometer westlich des Ortes einen Durchgang zur Inselebene freigibt. Schön ist das Spazieren nach einer Schlechtwetterphase: vollgesogene Erde, glitzernde Tropfen auf den Grashalmen, Nebelschleier über dem Hochtalboden. Allerdings gehen die Füße hin und wieder in Schlamm und Pfützen auf Tauchstation – und das ist nur ein kleiner Vorgeschmack auf die Furt hinter den verfallenen Cases des Freu. Dort sprudelt ein Bach wie ein Alpen-Wildwasser. Da hilft nur: Schuhe ausziehen und hindurchwaten.

Dann steigt man auf einem alten Seitenweg in die dämmerige Tiefe einer Waldschlucht hinab, vorbei an den Resten einer Mühle und durch künstlich geschaffene Felseinschnitte. Rechts hört man schon das Rauschen der Wasserfälle, und nach etwa einer Stunde Gehzeit (bzw. gut 30 Minuten ab der Straße) steht man in der grünen Zauberwelt der Salt des Freu, in der es nur so spritzt und schwappt,

EIN DORF FÜR FEINSCHMECKER

Orient, das 30-Einwohner-Dorf mit dem morgenländischen Namen, liegt etwa acht Kilometer nördlich von Alaró – ein Bergidyll der Serra de Tramuntana, ein Gruß aus der Vergangenheit inmitten von Mandelplantagen, Olivengärten und langen Trockensteinmauern, hinter denen Schafe weiden. Orient ist aber auch eine gute Adresse für leckeres Essen – ob es dabei nun um ein bodenständig-deftiges Spanferkel im Restaurant Orient geht oder um Köstlichkeiten der gehobenen Art mit einem Hauch von Asien im Restaurant Mandala. Wichtig: da und dort vorher reservieren! Im Mandala gibt's überhaupt nur 15 Plätze und keine Speisekarte, doch das eine Menü, das aus der offenen Küche kommt, hat's in sich!

WEITERE INFORMATIONEN

Restaurant Orient, Ctra. Orient–Alaró 1, Tel. 0034 971 18 02 41
Restaurant Mandala, C/ Nueva Orient 1, Tel. 0034 971 61 52 85

gluckert und blubbert. Was gäbe so mancher »Ballermann«-Gestrandete für diese Frische zum Auskurieren des Katers?
Einen Nachteil hat der nasse Segen allerdings: Sind die Kaskaden »in Betrieb«, dann ist die Klamm im unteren Talbereich unzugänglich. Im trockenen Bachbett könnte man dem Torrent de Coanegra talabwärts folgen, über glatt gewaschene Steine und glitschige Moospolster, durch kleine Engstellen, vorbei an einer natürlichen Felsbrücke. *Coanegra,* »schwarzer Schwanz« – zugegeben: Die Gegend ist wirklich recht finster und schlangenförmig gewunden. Erst nach einem Kilometer signalisiert eine senkrechte Stufe: Abenteurer ohne entsprechende Ausrüstung bitte zurück zum Start.

Erholungspause für den Felsdom

Ohne Gefahr kann man dagegen auf einem breiten Maultierweg hoch über der Schlucht bis zu den ersten Gehöften im Norden von Santa Maria del Camí hinauswandern. Oberhalb dieser Route verbirgt sich ein Loch im Waldhang; es führt in den Avenc de Son Pou. *Avencs* – so nennt man auf Mallorca steile Karstschächte. In diesem Fall handelt es sich um ein Kuppelgewölbe von riesigen Dimensionen, sicher an die 50 Meter hoch, entstanden in Jahrmillionen. Sein Baumeister ist ebenfalls das Wasser, das ins Gestein sickert und den Fels unerbittlich aushöhlt, aber im Gegenzug auch Stalagmiten und Stalaktiten bildet – schlanke, aus abgelagertem Kalzium gebildete Zapfen, die von der Decke hängen und darunter vom Boden emporwachsen. Noch im Jahr 1893 war dieser *avenc* nur durch Abseilen zu betreten. Der Stollen, den man dann als Zugang sprengte, ist derzeit verschlossen: Im Rahmen der Studie über die geologische Situation der Höhle, aber auch über ihre Fledermäuse wird nun festgestellt, wie viele Besucher sie verkraften kann. Voraussichtlich ist ein Reservierungssystem zur Regulierung des Zustroms geplant.

IM »HINTERLAND« DES GASTLICHEN DORFES ORIENT RAUSCHEN WASSERFÄLLE – ZUMINDEST NACH STARKEN REGENFÄLLEN (LINKS).

47

CASTELL D'ALARÓ – WANDERUNG MIT SPEKTAKULÄRER AUSSICHT

EIN FRIEDLICHES LANDSTÄDTCHEN

Alaró lebt wie viele andere Orte des Inselinneren mit dem Rücken zum Tourismus, der bis heute eigentlich nur an der Küste stattfindet. Berühmt ist die Gemeinde wegen der benachbarten Burg gleichen Namens auf der Spitze eines imposanten Felszylinders. Im Mittelalter spielte sie eine wichtige Rolle und galt als uneinnehmbar. Heute ist sie wegen der spektakulären Aussicht eines der beliebtesten Ausflugsziele Mallorcas.

Das Landstädtchen, von Feldern und Obstbaumterrassen in den ersten südlichen Ausläufern des Tramuntana-Gebirges umgeben, hat sich wegen seines ausgezeichneten Klimas zu einem beliebten Wohnort vieler in der Hauptstadt arbeitenden Mallorquiner entwickelt. Die Autobahn im Tal und die etwas außerhalb des Ortes liegende Station der Incabahn sorgen für eine günstige Anbindung an den Ballungsraum Palma. Außer der sprichwörtlichen Ruhe, die nur von den Feiern zu Ehren des Ortsheiligen San Roque Mitte August und dem Wochenmarkt jeden Freitag unterbrochen wird, bietet Alaró wenig Attraktionen. Ein Teil des Ortskerns ist inzwischen Fußgängerzone. Die vormals mit Schatten spendenden Platanen umrahmte Plaza mit der klobigen Pfarrkirche wurde modernisiert, in eine Steinwüste verwandelt und so leider ihres ursprünglichen Charmes beraubt. Zu empfehlen ist das an diesem Platz liegende Restaurant Traffic, das ausgezeichnete mallorquinische Küche bietet. Der Gasthof hat einige Fremdenzimmer, und bei gutem Wetter speist man am großen Pool. Ein Geheimtipp ist das hübsche Petit Hotel Alaró. Die deutsche Chefin ist eine erfahrene Wander- und Bergführerin, die Ausflüge für ihre Gäste veranstaltet und Ratschläge für interessante Wandertouren erteilt.

Mittelalterliche Festung mit Superaussicht

Den Aufstieg zum 822 Meter hohen Burgfelsen kann man kaum verfehlen, überall im Ort ist der Weg ausgeschildert. Nach etwa 500 Metern auf der Straße nach Orient zweigt ein geteerter Fahrweg links ab. Man kann mit dem Auto problemlos bis zum Berggasthof Es Verger hochfahren und passiert dabei zahlreiche Terrassen aus Naturstein, bewachsen vor allem mit Ölbäumen. Das einfache, von urig bis dekadent eingestufte Restaurant bietet deftigen Lammbraten und Schnecken in würzigem Sud. Für eine kurze Einkehr und eine Erfrischung ist es aber gut geeignet.
Der direkte Weg zur Burg und auf das Hochplateau ist manchmal geschlossen, dann führt ein längerer Weg über die Finca Es Pouet bis zum Gipfel.
Wer Schlaglöcher nicht scheut, kann die zwei Kilometer bis zu dieser Finca hochfahren. Von hier sollte man das Ziel in etwa einer halben Stunde zu Fuß erreichen können. Auf das Plateau gelangt man durch die gut erhaltenen Burgtore. Von den Mauern dahinter sind nur noch Fragmente erhalten. Dafür hat man schon von hier aus einen herrlichen Blick auf das Tal von Orient und die hohen Berge der Tramuntana. Etwas versteckt hinter einem Wäldchen liegen kurz vor dem Gipfel die Kapelle Oratori de Nostra Senyora und gleich daneben ein Restaurant mit herrlicher Aussichtsterrasse sowie die erst vor Kurzem renovierte und vergrößerte Wanderherberge (Tel. 0034 971 18 21 12).
Im Frühjahr 2019 kaufte die Inselregierung den größten Teil des Hochplateaus mit dem historischen Gemäuer, um die Anlage vor dem Verfall zu bewahren.

Ein Ort blutiger Geschichte

Die Burg von Alaró war nach der Eroberung Mallorcas durch die christlichen Festlandsspanier eine der letzten Zufluchtsstätten der besiegten Araber, die sich erst nach einer zweijährigen Belagerung ausgehungert und ohne Wasser ergaben. Die berühmteste Geschichte ereignete sich 1285, als ein Heer des gegen die Könige von Mallorca kämpfenden Alfonso von Aragón erst nach langen Monaten der Belagerung die Festung einnehmen konnte. Die beiden königstreuen Anführer Cabrit und Bassa, die dem Eindringling nicht nur getrotzt, sondern ihn auch noch verhöhnt hatten, wurden in Palma bei lebendigem Leib auf dem Scheiterhaufen verbrannt. Noch heute werden sie auf Mallorca als Volkshelden verehrt. Ihre Urnen stehen in der Kathedrale der Hauptstadt.

DEFTIGE GERICHTE IM BERGGASTHOF SPENDEN KRAFT ZUM GIPFELSTURM.

WANDERUNG ZUR OBSTBAUMBLÜTE

Wer im Frühjahr auf Mallorca weilt, sollte auf keinen Fall eine Wanderung von Alaró durch das leicht ansteigende Tal nach Orient versäumen. Das malerische Tal ist eines der größten Obstanbaugebiete der Insel. Vor allem Tausende von Apfelbäumen verleihen der Landschaft ein märchenhaftes Aussehen. Auf dem Weg zum Weiler Orient liegt das Viersternehotel L'Hermitage, ein guter Ort für eine Rast. Berühmt ist Orient als Ausgangspunkt vieler Wanderungen und für die hervorragenden Spanferkel, die es im Restaurant Can Jaume gleich an der Hauptstraße gibt. Wer die ländliche Ruhe sucht, findet diese im rustikal-eleganten Landhotel Son Palou, das gleich neben der Kirche auf der Spitze des Dorfbergs liegt (Tel. 0034 971 14 82 82, www.sonpalou.com).

WEITERE INFORMATIONEN

www.ajalaro.net
Petit Hotel Alaró, Carrer Camp Roig 43, Tel. 0034 971 51 87 51, www.petithotelalaro.es
Berggasthof Es Verger, Tel. 0034 971 18 21 26, Mo. geschl.

BINISSALEM – SANTA MARIA DEL CAMÍ – WEINE

GUTE TROPFEN VON DER INSEL

Der beste Begleiter eines guten Essens ist ein edler Wein. Auf Mallorca begann seine Geschichte vor mehr als 2000 Jahren. Heute werden überwiegend Rotweine erzeugt, doch kommen auch Weißweinfreunde auf ihre Kosten. Ein besonderes Ereignis ist das jährlich stattfindende Weinfest Ende September in Binissalem, da fließt der Rebensaft sogar aus dem Dorfbrunnen.

Phönizier, Griechen und Römer brachten Reben nach Mallorca. Nicht einmal die 300-jährige Herrschaft der Araber konnte den Weingenuss verhindern. Auf riesigen Gütern wie Sa Torre bei Santa Eugenia und Els Calderers bei Sant Joan wurden Trauben kultiviert. Weit über die Insel hinaus war der Malvasierwein bekannt, der heute wieder auf den Terrassen von Banyalbufar angebaut wird. Das aromatische, goldgelbe Getränk diente als Messwein. Einer der Förderer des Malvasier-Anbaus ist Hollywoodstar Michael Douglas, der auf seiner Finca S'Estaca die von Erzherzog Ludwig Salvator übernommenen Reben hegen lässt. Ihren Höhepunkt erreichte die Weinproduktion in der zweiten Hälfte des 19. Jahrhunderts. Auf mehr als 30 000 Hektar Fläche wurden rund 75 Millionen Liter erzeugt. Eine Flotte von Weinschiffen brachte die riesigen Überschüsse zum Verkauf in die europäischen Mittelmeerhäfen und selbst nach Übersee. Genau in diese Blütezeit platzte die Katastrophe der Reblausplage: Die Filoxera schlug gnadenlos zu. Innerhalb weniger Jahre wurden 95 Prozent aller Reben vernichtet. Nur isoliert liegende kleine Weinberge überlebten das Fiasko, und nur in wenigen Winzerfamilien lebte die alte Weinkultur weiter. Die meisten Weinberge und -felder wurden mit Mandel- und Johannisbrotbäumen bepflanzt. Bis in die Sechzigerjahre des letzten Jahrhunderts wurde die verbliebene Anbaufläche von 2000 Hektar kaum vergrößert.

Der mallorquinische Wein genoss nicht gerade den besten Ruf, und die Weine vom spanischen Festland hielten unweigerlich Einzug.

IN EICHENFÄSSERN REIFT DER JUNGE WEIN. BINISSALEM IST EINES DER WINZERZENTREN.

Mallorquinischer Wein im Aufwind

Erst in den vergangenen 20 Jahren ist es gelungen, die Qualität des einheimischen Weins auf eine akzeptable Stufe zu heben. Schrittmacher bei dieser Entwicklung war die älteste Kellerei der Insel, die Bodega Herederos de Ribas in Consell. Die 1711 gegründete Kellerei mit dem stattlichen Herrenhaus vermittelt einen guten Eindruck von der wirtschaftlichen Macht der Winzer des ausgehenden 19. Jahrhunderts. Im Keller gärt in großen Metallfässern der frische Rebensaft, danach reift der Wein in Eichenfässern. Während Weiß- und Roséwein um die sechs Monate darin bleiben, beträgt die Mindestzeit für Rotwein der Qualitätsbezeichnung *crianza* zwei Jahre. Rund ein Dutzend weitere Bodegas bringen gute bis sehr gute neue Weine auf den Markt. Zwei Kernregionen mit den Bezeichnungen *denominación de origen* (D.O.) sind als besonders geschützte Anbaugebiete ausgewiesen. Neben der seit Jahrzehnten etablierten D.O. Binissalem, der die Dörfer Santa Maria, Consell, Santa Eugenia und Sencelles angehören, wurde die D.O. Pla i Llevant geschaffen, die Kellereien aus Manacor, Petra, Felanitx, Algaida und Porreres vereint. Furore machten drei junge Winzer aus Felanitx, die den zum Kultobjekt gewordenen Rotwein Ànima Negra kreiert haben. Die Bodega Miguel Oliver aus Petra heimste nationale Preise für ihren sensationellen weißen Muskatwein ein, und Aufsehen erregte ein Newcomer. Der deutsche Pharmazieprofessor Michael Popp baut auf seinen Fincas nicht nur Heilpflanzen an, sondern betreibt zwischen Alaró und Lloseta den einzigen echten Weinberg der Insel. Von den steilen Nordlagen der Hügel des Gebirgsvorlands stammen vollmundige Rotweine, frische Rosé- und Weißweine, genannt »Stairway to Heaven«, die schon international ausgezeichnet wurden. Mit dem Wetter haben die mallorquinischen Winzer kaum Probleme. Die kurzen milden Winter und die heißen, trockenen Sommer scheinen wie für den Weinanbau gemacht. Kalkhaltige, mineralreiche Böden, die südliche Sonne und das Engagement der jungen Winzer sind Garanten für die Qualität des mallorquinischen Weins.

BESICHTIGUNG MIT WEINPROBE

Viele Bodegas können besucht werden. Einen Service Montag bis Freitag um 11 und 16.30 Uhr bietet die größte Kellerei Mallorcas, die Bodegas José Luís Ferrer in Binissalem: Bei einer umfassenden Führung erfahren die Besucher alles Wissenswerte über den Anbau und die Verarbeitung der in den eigenen Weingärten geernteten Trauben. Nach dem Rundgang gibt es eine Weinprobe. Gruppen von fünf bis zu 25 Personen müssen angemeldet werden (Tel. 0034 971 100 100, www.vinosferrer.com). Wer in Deutschland auf einen guten Tropfen von der Sonneninsel nicht verzichten will oder sich den Transport der zerbrechlichen Ware sparen möchte, kann Wein und andere Spezialitäten wie Olivenöl und den Kräuterschnaps Hierbas bequem per Internet ordern (www.mallorquiner.com).

WEITERE INFORMATIONEN

www.ajbinissalem.net
Bodega Herederos de Ribas, Camí de Muntanya 2, Consell, Tel. 0034 971 62 26 73, www.bodeguesribes.com
Bodega Miquel Oliver, C/ Font 27, Petra, Tel. 0034 971 56 11 17, www.miqueloliver.com
Weingut von Michael Popp, Bodegas Castell Miquel, Alaró, Tel. 971 51 06

49

COVES DE CAMPANET UND FONTS UFANES – NATURWUNDER

ROMANTISCHE WASSERSPIELE, UNTER- UND OBERIRDISCH

Steter Tropfen höhlt den Stein. Auch auf Mallorca wäscht das kohlensäurehaltige Regenwasser unzählige Klüfte aus dem Kalkgestein. Da und dort erweiterten sich diese zu Schächten, Gängen und unterirdischen Gewölben, in denen sich der gelöste Kalk wieder als Sinter- und Tropfsteinschmuck ablagert.

So wie beispielsweise in den Coves de Campanet, einem 400 Meter langen und mit drei, insgesamt 3200 Quadratmeter großen Sälen ausgestatteten Höhlensystem neben der Capella Sant Miquel, einer der ältesten Kirchen der Insel, nördlich des Dorfes Campanet im Raiguer. So bezeichnen die Mallorquiner den schmalen, aber wasserreichen Landstreifen am südöstlichen Ende der Serra de Tramuntana, zwischen Palma und Alcúdia.
Die bedeutendste Höhle des großen mallorquinischen Gebirgszugs wurde 1945 zufällig bei Bauarbeiten entdeckt und drei Jahre später für Besucher erschlossen. Sie wird im Gegensatz zu den drei sehr überlaufenen Schauhöhlen an der Ostküste nur dezent beleuchtet und auch nicht mit Musik beschallt – so kommen ihre üppigen Stalagmiten und Stalaktiten besonders gut zur Geltung. Manche davon bilden meterbreite Vorhänge, andere wieder sind dünn wie Spaghetti, und einige tönen wie Orgelpfeifen, wenn man an ihnen klopft.
Im Rahmen einer etwa 40-minütigen Führung erlebt man hier ein unterirdisches Zauberreich bis zu 50 Meter unter der Erdoberfläche, das die Höhlenforscher recht fantasievoll benannt haben: Palmensaal, Kapelle der Muttergottes, Roter Salon, Verzaubertes Schloss, Seesaal, Romantischer Saal, Wohlklingender Wasser-

fall, Weißer Elefant, Verzauberte Stadt – märchenhafte Namen für eine märchenhafte Unterwelt. In ihrem Eingangsbereich fand man zudem endemische Höhleninsekten und Spuren des *Myotragus balearicus* (siehe S. 64).

Wasser aus der Tiefe

Ganz andere Spiele hat das Karstwasser gleich neben der Höhle auf Lager. *Han brotado las Fonts Ufanes!* – diese Durchsage im Radio ist der Startschuss zu einer Besichtigung der besonderen Art, für einen Ausflug zu einer höchst eigenwilligen Quelle. Jedes Jahr zwischen November und April, drei bis sieben Mal im Jahr, sprudeln die Fonts Ufanes de Gabelli – die »wasserreichen Quellen« im Gebiet des Landguts Gabelli – aus dem Moos des Steineichenwaldes. Aber nur, wenn es vorher oben in der Serra de Tramuntana ordentlich geschüttet hat: Im Boden verbirgt sich nämlich ein 45 Quadratkilometer großes, zwischen 200 und 600 Meter tiefes Gesteinspaket, in dem der Regen eine gewaltige Wasserader füllt. Irgendwann wird der Druck zu groß, und das kühle Nass steigt entlang von unlöslichem Gestein bis an die Oberfläche, wo es in zahlreichen Strahlen zwischen den Steinen hervorquillt oder kleine, von unten her versorgte Tümpel bildet.

Faszinierend unberechenbar

So erklärt sich der unvermittelte Beginn des nassen Segens und auch sein abruptes Ende nach etwa acht Stunden (im Jahr 2008 hörte er jedoch auch einmal einen ganzen Monat nicht mehr auf). Wenn die Quellen sprudeln, spenden sie normalerweise um die 40 Kubikmeter Wasser pro Sekunde, es wurden aber auch schon mal 100 Kubikmeter pro Sekunde gemessen. Diese mangelnde Vorhersehbarkeit und Einschätzbarkeit ist auch der Grund dafür, dass das Naturschauspiel unversehrt erhalten blieb. Seit 2001 steht ein 50 Hektar großes Gebiet um das Naturwunder unter strengem Schutz; seine kleinen Wege und ein Infohäuschen sind täglich zwischen 10 und 17 Uhr zugänglich. Geht der nasse Spaß los, dann drängen sich mitunter rasch Hunderte Besucher darum herum – doch wie heißt es so schön: Der frühe Vogel fängt den Wurm!

LANDLEBEN IN CAMPANET

Verschlafen würden es die einen nennen, authentisch die anderen: Campanet ist ein typisches Dorf des Raiguer. Es liegt etwa zwölf Kilometer südwestlich von Pollença am Rand der Serra de Tramuntana. Der Ortsname soll auf eine Gruppe einstiger Schäferhütten hinweisen, vermuten die Forscher, und das könnte schon stimmen, denn ländliche Ruhe herrscht hier heute noch. Rund um die barocke Pfarrkirche und auch in der weiteren Umgebung des Ortes findet man sehr schöne herrschaftliche Häuser und bäuerliche Gutshöfe. In einigen davon kann man sogar seinen Urlaub verbringen, etwa im Fincahotel Monnaber Nou oder im Refugio Son Pons.

WEITERE INFORMATIONEN

Coves de Campanet, Aktuelles über www.covesdecampanet.com
Fonts Ufanes, Aktuelles über www.illesbalears.travel/touristisches-angebot/de/mallorca/naturdenkmal-fonts-ufanes
Hotel Monnaber Nou, www.monnaber.com
Refugio Son Pons, www.refugio-son-pons.com

BEIM EINGANG IN DIE FASZINIERENDEN HÖHLEN VON CAMPANET (LINKS) FINDET MAN GASTLICHKEIT UND BLUMENSCHMUCK.

50

MURO – LÄNDLICHES ERBE

WO TRADITIONEN NOCH LEBENDIG SIND

Auf einem Bergrücken in der Ebene Es Pla de Mallorca liegt der fast städtisch wirkende Ort. Dieser Eindruck liegt zum einen an den alten herrschaftlichen Häusern mit ihren Familienwappen. Und zum anderen an der Kirche Sant Joan Baptista. Sie ist ebenso einen Besuch wert wie das ethnologische Museum.

Man sagt ja gern, die mediterrane Lebensart sei offen. Wer durch Muro oder ein anderes Städtchen auf Mallorca spaziert, in dem der Tourismus keine große Rolle spielt, könnte daran zweifeln. Denn man muss schon lange suchen, um ein Haus zu finden, dessen Fensterläden nicht geschlossen sind. Und die oft grün lackierten Holzläden sind nicht nur während der Mittagshitze eines Sommertages vor die Fenster gezogen, sie sind es eigentlich immer.

In Muro kann man den traditionellen Lebensstil noch in seiner authentischen Form erleben – dazu gehören eben auch Straßen mit verrammelten Fenstern. Außerdem gehört dazu unbedingt auch eine große Kirche.

Unspektakulär – darum ganz besonders

Muro hat ein besonders sehenswertes Exemplar zu bieten, die Església Sant Joan Baptista. Die Pfarrkirche Johannes des Täufers aus dem 16. Jahrhundert besitzt einen quadratischen, frei stehenden Glockenturm. Er ist durch einen Bogen mit dem Kirchengebäude verbunden, das aus rötlichem Marès-Stein gebaut wurde. Typisch für Mallorca sind die Stützpfeiler, die sich an der Außenfassade zu Arkaden wölben. Seitlich der Kirche befindet sich das Rathaus und davor die leicht abfallende Plaça Comte d'Empuries. Keine Frage, man befindet sich im repräsentativen Zentrum der ländlichen Gemeinde.

FINCAS WIE DAS HOTEL SON PREDIO (LINKS) UND DAS ETHNOLOGISCHE MUSEUM MIT SEINEM ALTEN WASSERSCHÖPFRAD (RECHTS) BEWAHREN DIE VERGANGENHEIT.

In den ruhigen Gassen mit ihren teilweise altehrwürdigen Herrenhäusern käme man nicht auf die Idee, dass zum Ort auch Touristenzentren wie die Platja de Muro an der Bucht von Alcúdia gehören. In die stille Welt des Städtchens passen besser Adressen wie die Bar Ca'n Palau, wo sich die Einheimischen treffen und die wenigen Besucher, die es nach Muro verschlägt.

Kekse und ein Haus voll Vergangenheit

Nach dem Café lohnt es sich ein paar Häuser weiter in der Hausnummer 8 nachzuschauen, ob die alte Backstube von Galletes Gori geöffnet hat. Dort werden seit 1890 süße und salzige Kekse gebacken, die die Bauern und Seeleute einst mit zur Arbeit nahmen. Die in Handarbeit gefertigten *galletes* sind noch immer sehr beliebt.
Dass Muro auf einem Hügel liegt und die Landwirtschaft noch immer einen großen Stellenwert besitzt, sieht man, wenn man im Rücken der Kirche in Richtung Passeig de la Riba spaziert, eine Art Höhenpromenade mit schönem Blick über die Felder des Umlands. Von hier aus, dem ältesten Teil Muros, dem Viertel El Comtat, kann man einen Spaziergang zum Stammhaus der Alomars machen. Das findet sich in der Carrer Major und ist ein sehenswertes Volkskundemuseum. Nicht nur die Sammlung alter Gerätschaften, Keramik und der historischen Apotheke ist sehenswert. Auch das Herrenhaus selbst, aus dem 17. Jahrhundert und mit einer alten Brunnenanlage mit einem Schöpfrad, einer *noria*, lässt das alte Mallorca wach werden.
Dem kann man auch nachspüren, wenn man sich an der Placeta des Convent, etwas außerhalb des Zentrums, in den Innenhof des Santa-Anna-Klosters wagt. Dort wird der Besucher von einem wunderschönen Kreuzgang empfangen – ohne Kassenhäuschen, ohne Besuchermassen, es ist einfach ein »Secret Place«.

SCHARFE SACHEN AUS DER CUCHILLERIA MIRALLES

Gegenüber der Esglesieta de la Sang, einer hübschen Kapelle mit der ältesten Christusfigur der Stadt, findet sich Miralles Cas Trinxeter. In der Messermanufaktur werden seit vier Generationen Schneidewerkzeuge für Fischer, Schäfer, Bauern und andere gefertigt. Miralles ist der einzige der verbliebenen vier Messermacher der Insel, der Klingen noch selbst schmiedet. Die Griffe sind meist aus einfachem, lackiertem Schichtholz gearbeitet. Wer ein authentisches Souvenir für begeisterte Gärtner, Baumveredler oder Freizeitkapitäne sucht – und nicht nur mit Handgepäck in den Flieger steigt –, der könnte hier fündig werden.

WEITERE INFORMATIONEN

Parròquia Sant Joan Baptista, Carrer Bisbe Ramon de Torrella 1
Museu Etnològic de Muro, Di–Sa 10–15, Do 17–20 Uhr, Carrer Major 5, Tel. 0034 971 86 06 47
Esglesieta de la Sang, Carrer González 1
Convent de Santa Anna, Placeta des Convent
Miralles Cas Trinxeter, Carrer dels Martirs 28, Tel. 0034 652 40 06 83

DIE INSEL AUS DER SATTELPERSPEKTIVE ERLEBEN – VIELLEICHT SOGAR AUF DEM CABALLO MALLORQUÍN, DEM MALLORQUINISCHEN PFERD.

51

SINEU – DIE ALTE KÖNIGSSTADT

ESEL ZU VERKAUFEN!

Das verschlafen wirkende Städtchen Sineu, fast genau im Mittelpunkt der Insel, wird auch die alte Königsstadt genannt, denn im 13. Jahrhundert war der Ort von Jaume II zur königlichen Sommerresidenz ernannt worden. Der von Gichtanfällen geplagte Monarch fand das sehr trockene Klima der Gegend angenehm. Die ländliche Ruhe Sineus wird nur durch den Wochenmarkt am Mittwoch unterbrochen, den größten auf Mallorca.

Zum Mittwochsmarkt strömen Tausende von Kauf- und Schaulustigen hierher und füllen nicht nur Plätze und Gassen, sondern auch die umliegenden Kneipen und Restaurants bis auf den letzten Stuhl. Wer mit dem Auto kommt, sollte außerhalb des Zentrums parken, im Ort selbst ist ein Durchkommen so gut wie unmöglich. Das farbenfrohe Treiben mit deutlich mediterranem Touch spricht alle Sinne an.

Eine ganze Stadt voller Stände

Eigentlich sind es mehrere Märkte, die zur gleichen Zeit stattfinden. Die Händler kommen aus allen Teilen der Insel. Auf dem großen Platz unterhalb der Altstadt werden Schafe, Ziegen, schwarze Schweine, Geflügel und die aus ihnen entstandenen Produkte wie Wurst, Schinken, Käse, aber auch Eier und Gänsefedern zum Füllen der voluminösen Bettdecken für den kalten Winter angeboten. Auf dem etwas höher gelegenen Platz vor der Stadtpfarrkirche Madre de Déu dels Angels – leider meist verschlossen – sind die bunten Stände mit Obst und Gemüse vorherrschend und wetteifern mit attraktiven, appetitlichen Auslagen um die zahlreichen Käufer. Bei der massigen Kirche, einer der ältesten auf Mallorca, wacht ein großer geflügelter Markuslöwe mit dem Stadtwappen über das turbulente Treiben: Er ist das Wahrzeichen der Stadt, der Evangelist Markus ist Sineus Schutzpatron. Vor den Hauswänden der Sandsteinhäuser in den engen Gassen der Altstadt drängen sich Verkaufsstände mit schöner Keramik, handgemachten Textilien und interessantem Kunsthandwerk. Aber n atürlich werden auch allerlei Krimskrams und Souvenirs made in China und Afrika angeboten.

EIN GESCHICHTSTRÄCHTIGER ORT

Sineu gilt als eine der ältesten Siedlungen und war wegen seiner strategischen Lage – fast genau in der Mitte der Insel – oft Schauplatz kriegerischer Episoden. Die rund um das Dorf vorhandenen Talayots – prähistorische Steinhäuser – sind die ältesten Zeugen. Sie wurden bis ca. 1000 Jahre v. Chr. bewohnt. Die Römer bauten ein befestigtes Lager auf dem jetzigen Dorfhügel. Ab 900 n. Chr. hatten fast 300 Jahre die Mauren das Sagen. Sie wurden vom katalanischen Eroberer Jaume I Ende des 13. Jahrhunderts vertrieben. Viele Männer des Orts starben in zahlreichen Kriegen, doch schlimmer dezimierte die Pest die Zahl der Einwohner. Sineu hat bis heute nur etwa die Hälfte der Bevölkerung von ehemals 5000 Seelen.

WEITERE INFORMATIONEN

www.ajsineu.net

Urige Keller mit deftigem Essen

An Markttagen ist es schwierig, Platz zum Essen in einem der Lokale zu finden, obwohl die Stadt bekannt ist für viele Kellerrestaurants. Vor allem die am Hauptplatz, wie der beliebte Celler Ca'n Font, sind stark besucht. An normalen Tagen ist die Terrasse davor ein schöner Platz zum Verweilen und Beobachten, ebenso wie die des etwas höhergelegenen Hotel-Restaurants Son Cleda. Etwas ruhiger geht es im Celler Son Toreo zu, der versteckt in der Altstadt liegt und vor allem von Einheimischen frequentiert wird (Carrer Son Torelló 1). Einen guten Ruf genießt auch das Restaurant Moli d'en Pau, das etwas außerhalb liegt (an der Kreuzung der Umgehungsstraße mit der zweiten Zufahrt zum Zentrum). Die Windmühle mit ihren weit ausladenden Flügeln ist nicht zu übersehen. In der hervorragenden Konditorei neben der Kirche gibt es süße und salzige Leckereien, die man auch während des Marktbummels verzehren kann. Die zentrale Lage von Sineu auf der Insel verdeutlichen auch die zahlreichen Straßen, die sternförmig in die umliegenden Ortschaften führen. Die kleine Stadt ist deshalb auch eine günstige Alternative für eine Unterkunft abseits der Küste. In den letzten Jahren sind zum Hotel Leon de Sineu mit seinen neun Luxusapartments, dem Pionier der langsam in Mode kommenden Dorfhotels, ein halbes Dutzend Pensionen und Stadthotels gekommen, wie das allseits gelobte Ca'n Joan Capó und die schon erwähnten Hotels Ca'n Font und Son Cleda. An ruhigen Tagen kann man auch das sehenswerte Zentrum mit einigen historischen Bauten besser erkunden, so den Convent des las Monjas, der im 13. Jahrhundert die Residenz des Königs war. An Markttagen jedoch geht die ländliche Schönheit der alten Stadt in den Massen der Marktbesucher etwas unter.

BESONDERS BEI RADTOURISTEN BELIEBT: RESTAURANT ES MOLI D'EN PAU.

PETRA – LÄNDLICHE RUHE

WELTBERÜHMTER SOHN DER STADT

Niemand würde das verschlafene Städtchen Petra besuchen, wenn dort nicht im Jahr 1713 Miguel José Serra geboren worden wäre. Der arme Bauernjunge aus Mallorca gilt als Gründer zahlreicher kalifornischer Millionenstädte wie Los Angeles und San Francisco. Heute steht seine Statue als einzige eines Spaniers in der National Statuary Hall des amerikanischen Kapitols in Washington.

Der aufgeweckte Junge fiel durch seine wache Intelligenz auf und wurde vom Dorfpfarrer auf die Klosterschule San Bernadino geschickt. Später trat Serra in Palma dem Franziskanerorden bei und ging nach seiner Ausbildung als Missionar Fray Junípero Serra nach Mexiko. Von dort aus unternahm er mehrere Missionsreisen in das Gebiet des heutigen Kalifornien, gründete neun Missionsstationen und ein gutes Dutzend weitere Stützpunkte. Die Franziskanermönche verbreiteten aber nicht nur das Wort Gottes bei der indianischen Urbevölkerung. Die Missionare führten Rinder, Schweine und Geflügel mit, unterrichteten die nomadisierenden »Rothäute« in Handwerken wie Weben, Schmieden und dem so gut wie unbekannten Ackerbau. Aus den Stationen, die immer mit einer Befestigungsanlage gegen mögliche Angriffe geschützt waren, gingen Millionenstädte wie San Diego, Los Angeles und San Francisco hervor. Deren Namen erinnern ebenso wie Santa Barbara, San Luis Obispo und San José an den spanischen Mönch und Missionar. Fray Junípero Serra verstarb 1784 in Kalifornien. Seine Gebeine ruhen in der alten Missionsstation von Monterey, rund 100 Kilometer südlich von San Francisco.

Dollarsegen für ein sehenswertes Museum

Die Missionsstation von San Francisco de Assisi war 1776 die letzte und nördlichste in der Kette. Ihr Gründungsjahr war gleichzeitig das Jahr der Unabhängigkeitserklärung der Vereinigten Staaten von Amerika. Zum 200. Jahrestag erinnerten sich die

Kalifornier an ihren Gründervater und – auch mit kräftigem Zutun des amerikanischen Honorarkonsuls auf Mallorca – an die arme Verwandtschaft auf der kleinen Insel im Mittelmeer. Mit einer erheblichen Dollarspende ermöglichten sie die Restaurierung des 1959 eröffneten und schlecht und recht vor sich hinschlummernden Museums, das davor ausschließlich durch die Unterstützung einheimischer Privatleute erhalten worden war. Das kleine Museum ist heute absolut sehenswert. In Gemälden aus der Epoche und Bildtafeln wird das Leben und Wirken des Missionars veranschaulicht. Auf dem Weg zur Ausstellung durch die enge Gasse passiert man eine Reihe von farbigen Keramiktafeln, auf denen die einzelnen Missionsstationen abgebildet sind.
Der kleine Ort Petra, mitten in der mallorquinischen Zentralebene, kann von Palma, Inca oder Manacor mit dem Zug erreicht werden. Nach 20 Jahren wurde die Strecke Inca–Manacor wiedereröffnet und ein neuer Bahnhof am Ortsrand gebaut. Und nicht nur das Museum ist gut ausgeschildert, sondern es hängen auch überall Hinweisschilder auf das urigste Speiselokal des Städtchens, vermutlich, weil der frühere Bürgermeister der Besitzer des populären Es Celler ist.
Wegen der deftigen mallorquinischen Gerichte kommen die Leute von weit her, besonders am Sonntag herrscht Hochbetrieb.

HIER WURDE DER WELTBERÜHMTE MISSIONAR GEBOREN.

Eine Einsiedelei als Dank für Regen

Hoch über dem Ort liegt die Ermita de Nostra Senyora de Bon Any auf einem Hügel, der eine grandiose Aussicht über den Nordosten der Insel bis zum Meer ermöglicht. Die serpentinenreiche Straße durch einen Wald aus Steineichen und Pinien beginnt am südlichen Stadtrand. Oben lädt ein mit Steintischen und Bänken ausgestatteter Picknickplatz zum Verweilen ein. Wanderer finden Aufnahme in einer einfachen Herberge.
Die prunkvoll ausgestattete Kirche wurde im 17. Jahrhundert als Dank für lang ersehnten Regen und eine darauffolgende gute Ernte errichtet und erhielt aus diesem Grund den Namen »Bon Any«, Gutes Jahr. Jährlich finden Wallfahrten statt, außerdem ist die Anlage sehr beliebt für Hochzeitsfeiern.
Südwestlich liegt zu Füßen des Klosterbergs das herrschaftliche Anwesen Els Calderers, heute ein anschauliches Freiluftmuseum, das einen guten Einblick in das Leben und Arbeiten von Herren und Bauern vor 200 Jahren ermöglicht. Weinprobe (und Brot mit Sobrassada) inklusive, sehenswert (Tel. 0034 971 526069, www.elscalderers.com).

GAUMENFREUDEN IN UND UM PETRA

In dem kleinen Ort hat die bekannte Kellerei Miquel Oliver ihren Sitz, deren hervorragender trockener Muskatwein viele internationale Preise einheimste. Im kleinen Laden, Carrer Sa Font 26, können der gute Tropfen und auch die anderen Erzeugnisse von Miquel Oliver erworben werden. Nach Voranmeldung kann die Kellerei besichtigt werden (Tel. 0034 971 56 11 17, www.miqueloliver.com).
Rund um den relativ großen Dorfplatz liegen viele Cafeterias und Restaurants, auf deren schattigen Terrassen man sehr gut sitzen kann. Empfehlenswert, aber nicht ganz billig ist das Restaurant Sa Plaça, das einen sehr hübschen Innenhof besitzt. An der Umgehungsstraße werden – außer im Winter – unter einer großen Pergola frisches Obst und Gemüse verkauft. Die Ware stammt von den Bauernhöfen der Gegend und hat durchweg gute Qualität. Unglaublich süß sind vor allem die in der Sonne gereiften Honigmelonen, eine Köstlichkeit, die sich niemand entgehen lassen sollte.

WEITERE INFORMATIONEN

www.ajpetra.net
Museum Fray Junípero Serra, Carrer Barracar Alto 15, geöffnet 11–13 Uhr, So/Mo geschl., Tel. 0034 971 56 10 28, 0034 639 21 35 34

53

SANTUARI MONTI-SION – HEILIGE GRAMMATIK

UNTER DEN ARKADEN UND ÜBER DEM LAND

Das Landstädtchen Porreres ist mit seinem kaum bekannten Kunstmuseum an sich schon ein »Secret Place«. Das gilt erst recht für das Heiligtum vom Berge Zion. Im schönen Ensemble, der ehemaligen Grammatikschule, ist man der Welt und der Gegenwart ein wenig entrückt.

Wie stark der christliche Glaube das Leben der Inselbewohner bis in die jüngste Vergangenheit geprägt hat – und es für manche sicherlich bis heute tut – erkennt man an Orten wie dem Santuari de Monti-Sion. Wo immer sich auf der Insel eine markante Erhebung zeigt, wird sie von einer Kapelle, einem Heiligtum oder Kloster bekrönt. Der Berg wird dabei zum Sinnbild des Lebens: Wer sich aus dessen Niederungen lösen will, muss einen beschwerlichen Gang auf sich nehmen, der mit Entbehrungen und Einsamkeit verbunden ist.

In der Hochzeit des Eremitentums auf Mallorca, im 13. und 14. Jahrhundert, entstand auch das Kloster, das zugleich die Funktion einer Knabenschule übernahm. Im 15. Jahrhundert zogen Jesuiten in die Anlage, bauten sie grundlegend um und widmeten die Schule der Heiligen Mutter Gottes vom Berge Zion. Die Kinder wurden in Latein unterwiesen und auf das Priesteramt vorbereitet.

Der ehemalige Klassenraum aus dem ausgehenden 17. Jahrhundert ist ebenso sehenswert wie die einheitliche und geschlossene Anlage als Ganzes. Außer in der Karwoche, in der noch immer viele Einheimische zum Heiligtum pilgern, ist es still auf dem Hügel bei Porreres, so still, dass man anschließend gern in das Landstädtchen eintaucht. Das ist übrigens noch ebenso ein Geheimtipp wie das Museum für moderne Kunst, das sogar mit einem echten Dalí aufwarten kann (www.porreres.cat).

SON FORNÉS – DIE TALAYOT-SIEDLUNG

GEWALTIGE MAUERN BEI MONTUÏRI

Obelix hätte seine Freude daran gehabt: Bis zu neun Tonnen wogen die größten Steinblöcke, aus denen in der Zeit zwischen 1300 und 123 v. Chr. die *talaiots* erbaut wurden – Türme und Mauerwerke mit rundem oder viereckigem Grundriss, deren Funktion bis heute nicht ganz klar ist.

Wahrscheinlich beherbergten sie Stammesführer, vielleicht dienten sie auch als Wachposten oder kultischen Zwecken. *Talayots* standen in allen Gebieten der Insel, meist umgeben von befestigten Siedlungen mit bis zu 500 Bewohnern. Diese waren Meister in der Kunst des Steinschleuderns und verdingten sich daher häufig als Söldner. So soll der punische Begriff *ba'le yahro*, werfen, zum Namen Balearen geführt haben.
Eine der interessantesten dieser Anlagen befindet sich rund zweieinhalb Kilometer nordwestlich von Montuïri an der Straße Richtung Pina, im Gebiet des Landguts Son Fornés. Sie geht auf die Zeit um 900 v. Chr. zurück. Selbst unter den Karthagern und den Römern baute man hier weiter; die Spuren der Besiedelung verlieren sich erst am Ende des fünften nachchristlichen Jahrhunderts. Besonders eindrucksvoll zeigen sich die Reste der zwei mächtigen Rundtürme. Der größere davon ist noch 3,5 Meter hoch und weist einen Durchmesser von 17 Metern auf; die äußere seiner beiden Wände, zwischen denen Erde und Geröll aufgefüllt wurde, ist immerhin fünf Meter dick. Er besitzt noch die typische Mittelsäule, die einst die Dachplatten stützte. Die gesamte Siedlung war von einer Mauer umgeben.
Das Gelände ist stets zugänglich, der Eintritt ist frei. Ein Museum findet man in der Molí d'en Fraret, einer Windmühle am nordöstlichen Rand von Montuïri. Zu sehen sind dort Funde der Ausgrabungen sowie eine Präsentation über den Alltag in der vorgeschichtlichen Siedlung (www.sonfornes.mallorca.museum).

AB ENDE JANUAR VERWANDELN
DIE BLÜHENDEN MANDELBÄUME
DAS INSELINNERE IN EINE
WEISS-ROSAFARBENE LANDSCHAFT.

FELANITX – UNTER DEN MÜHLEN

MALLORCA NOCH GANZ LÄNDLICH

Es gibt sie noch, Orte auf Mallorca, in denen der Tourismus nur eine Nebenrolle spielt – zum Beispiel Felanitx. Über dem schönen Landstädtchen ragen die Türme von mehr als 20 Windmühlen auf. Getreide, Obst und Wein wachsen prächtig rund um die Stadt mit ihren 17 000 Einwohnern und der hübschen Altstadt.

Im 19. Jahrhundert, als Wein noch das wichtigste landwirtschaftliche Erzeugnis Mallorcas war, gab es zwei Zentren: Das eine war die Südflanke des Tramuntana-Gebirges zwischen Binissalem und Inca und das zweite die Region um Felanitx. Hier wurden vom nahen Hafen Portocolom die Weinfässer vor allem nach Frankreich verschifft.

Nach der verheerenden Reblausplage im ausgehenden 19. Jahrhundert wurde der Weinbau jedoch fast völlig aufgegeben. Als in den 1990er Jahren die Weinkultur auf Mallorca langsam neu aufblühte, waren Felanitx und Binissalem wieder mit dabei.

So gaben sich die Winzer der Region Binissalem als erste der Insel ein eigenes, strenges Regelwerk, um ihre Erzeugnisse mit der Ursprungsbezeichnung (D.O.) vermarkten zu können. In Felanitx kreierten die damals jungen Garagenwinzer der Bodega Ànima Negra einen Wein, der mit dem eher bescheidenen Ruf der einheimischen Erzeugnisse aufräumte. Statt auf internationale Rebsorten wie Cabernet oder Merlot setzten sie auf heimische Gewächse wie Callet, Manto Negro und Fogoneu. Ihnen gelang so ein roter Kultwein, der neu und ungewohnt schmeckte. Bis heute zählt der *AN/1* zu den besten Inselweinen.

Wochenmarkt vor der Kirche

Diese Weingeschichte gehört zum Selbstverständnis der Bewohner von Felanitx, ebenso wie etwa die Kunst des Töpferns und der Keramik, die hier ebenfalls noch gelebt wird. Manchmal sieht man auch auf den Sportanlagen am Ortseingang in Richtung Palma, dass mallorquinische Traditionen selbst bei der Jugend gut ankommen: Denn die übt sich dort in der einstigen Kriegskunst des Steineschleuderns, für die die Balearenbewohner in der Antike berühmt-berüchtigt waren.

So ein antiker Kämpfer ist auch im Ortszentrum zu bewundern. Mit stolzer Bronzebrust steht er vor dem Kulturhaus bei der Font de Margalida. Die in einem tiefen Brunnen gefasste Quelle soll heilende Wirkung haben und ist laut Volksglauben noch nie versiegt. Gegenüber ragt unübersehbar die Pfarrkirche Sant Miguel heraus. Ihre fast minimalistische, nur mit einigen wenigen plateresken Elementen geschmückte Fassade kommt durch eine breite Freitreppe eindrucksvoll zur Geltung. Besonders lebendig ist es hier sonntags, wenn rund um die große Barockkirche und die alte Markthalle an ihrer Rückseite Wochenmarkt gehalten wird. Dann wird auch die Kirchentreppe genutzt, um zum Beispiel *greixoneras* anzubieten, traditionelle Tonschalen.

Geburtsort von Miquel Barceló

Auch wenn die Töpfereiwerkstätten wirtschaftlich keine große Rolle mehr spielen, es gibt sie noch. Zum Beispiel in der Carrer Major, der Hauptstraße der Altstadt, wo Maria Ramis kunstvolle Keramiken fertigt und Kurse anbietet. Auch beim international erfolgreichen Künstler Miquel Barceló, der 1957 in Felanitx geboren wurde, spielt Ton als Gestaltungsmaterial eine entscheidende Rolle. Um sich davon zu überzeugen, braucht man sich nur die Petruskapelle in der Kathedrale von Palma anzusehen, die Barceló fast vollständig mit einer Art Keramikhaut ausgekleidet hat. Oder bald auch in Felanitx: Die Jugendstilgebäude der ehemaligen Weinkooperative Es Sindicat sollen zu einem Kunstzentrum werden, unter Leitung des Künstlers.

Besinnlicher als der Wochenmarkt ist ein Spaziergang auf den Kalvarienberg. Von der Markthalle in der Carrer Major sind es nur einige Schritte, ehe man in südlicher Richtung auf die Carrer de Call stößt, das einstige Judenviertel des Ortes. Am Ausgang der Gasse beginnt der alte Kreuzweg, der zu einer Kapelle mit schöner Aussicht führt. Man sieht ein vermeintlich längst vergangenes Mallorca: eine ländlich geprägte Kleinstadt, die auch ohne große Touristenströme auskommt, die sich noch nicht neu erfunden oder romantisch aufgehübscht hat. Man schaut auf die verschachtelte Landschaft aus Dächern, Mauern und Schornsteinen, auf bröckelnden Putz und Patina in Ockertönen.

Hoch und heilig

Wenn es um gute Aussichten geht, hat Felanitx aber noch mehr zu bieten. In Bezug auf die Lage kann es kein anderes Kloster auf Mallorca mit dem Heiligtum von Sant Salvador aufnehmen. Von der Felsnase des 509 Meter hohen Berges ist der Blick über weite Bereiche der Insel einfach grandios. Den steilen Anstieg mit den engen Kehren quälen sich im Frühjahr Hunderte von Hobbyradrennfahrern hinauf. Je größer der Schmerz, desto größer das Vergnügen – das hat, wenn man so will, christliche Züge.

Guillermo Timoner war sowohl im Radsport als auch im Glauben beheimatet. Daher übergab der 6-fache Weltmeister und 29-fache Spanische Meister im Bahnradrennen seine Siegertrikots der Heiligen Jungfrau, die das Geschenk natürlich nicht ablehnen konnte. Die Mönche, die bis 1992 im Kloster Santueri de Sant Salvador lebten, drapierten die Votivgaben des 1926 in Felanitx geborenen Radsportlers in einzelne Bilderrahmen. Sie finden sich in der Eingangshalle des Klosters. Dort gelangt man auch in die urige Klostergaststätte.

Ausblick mit Pathos

Eigentliches Ziel der Pilger und Besucher ist aber nicht das nostalgische Lokal, sondern eine Marienfigur aus dem 13. oder 14. Jahrhundert. Besser gesagt: Sie war wohl früher der Besuchermagnet, heute lockt die meisten doch eher die fantastische Aussicht. Aber auch die ist eingebettet in ein »christliches Rahmenprogramm«. Vom Klosterparkplatz erreicht man über eine breite Freitreppe das Monument Crist Rei. Das 1934 im Stil des spanischen Barockbaumeisters Juan de Herrera errichtete Christkönigsdenkmal beweist einmal mehr, dass Mallorca und die Moderne nicht unbedingt parallel laufen. Unter Franco erlebte der Herrera-Stil des 16. Jahrhunderts eine Renaissance. Das Monument besitzt eine eher reaktionäre und brachiale Ästhetik. Der Blick von der Aussichtsterrasse nach Osten auf die Küste von Portocolom und Cales de Mallorca ist dagegen grandios. Ebenso wenig meckern kann man über die Aussicht vom Creu del Picot, von wo man die Ebene Es Pla in Richtung Alcúdia überblickt. Das monumentale Gipfelkreuz steht auf dem Nebenberg Es Picot (477 m) und wurde 1957 errichtet.

ZUM CASTELL DE SANTUERI HINAUF

Auch wenn der Puig de Sant Salvador etwa 100 Meter höher ist, war der 400 Meter hohe Berg im Südosten von Felanitx wohl früher besiedelt: Wo sich heute das Castell de Santueri befindet, hatten die Römer eine Festung errichtet. Die Araber bauten diese so stark aus, dass Jaume I ein Jahr brauchte, um sie einzunehmen. Nach der Belagerung war die Burg nur noch eine Ruine, und es dauerte Jahrzehnte, bis im 14. Jahrhundert der Wiederaufbau begann. Heute ist die Festung verfallen, aber dennoch sehenswert. Allein die Anfahrt über eine schmale Straße durch das schöne Hügelland macht Laune, und die weite Aussicht vom ehemaligen Bollwerk lohnt den Weg. Bei gutem Wetter sind die Cabrera-Inseln im Süden, Ibiza im Südwesten und Menorca im Norden auszumachen.

WEITERE INFORMATIONEN

Castell de Santueri, März–Nov. tgl. 10–18.30, sonst nur Sa, So 10–14 und 16–18 Uhr, www.santueri.org

Hostageria Sant Salvador, Hotel im Kloster mit grandioser Aussicht, Puig San Salvador s/n, Felanitx, Tel. 0034 971 58 19 52, www.santsalvadorhotel.com

SANFTE HÜGEL UND HEFTIGE ANSTIEGE – RUND UM FELANITX FINDEN RADSPORTLER ABWECHSLUNGSREICHE TOURMÖGLICHKEITEN.

56

PUIG DE RANDA, PUIG DE SES BRUIXES – KONTRASTPROGRAMM

DAS HEILIGTUM UND DIE HEXEN

Gegensätze ziehen sich an. Größere Gegensätze als den mächtigen »heiligen« Berg und die viel kleinere, aber auch schroffere »heidnische« Felsspitze, die beiderseits der Straße Ma-5010 aus der Inselebene Es Pla wachsen, gibt es auf Mallorca kaum zu sehen.

Wie ein enormer primitiver »Altar« erschien das 540 Meter hohe Bergmassiv Puig de Randa, das sich zwischen Algaida, Montuïri und Llucmajor erhebt, dem großen mallorquinischen Dichter Miquel Costa i Llobera (1854–1922). Er bietet wirklich einen besonderen Anblick, dieser breite, oben abgeflachte Tafelberg, den man von vielen Orten der Insel aus erkennen kann.

Ramon Llull, der Theologe, Philosoph, Poet, Wissenschaftler und Missionar, soll eine Zeit lang als Einsiedler dort oben gelebt haben. Er muss eine einzigartige Persönlichkeit gewesen sein. Um 1232 wurde er als Sohn eines Ritters in Palma geboren und verbrachte – ähnlich wie Franz von Assisi – seine Jugend als hedonistisches Raubein. Später entwickelte er sich zum tiefgläubigen Mystiker und zog sich als Einsiedler zurück. Um die Mauren nicht – wie es damals allgemein der Brauch war – mit dem Schwert, sondern mit der Kraft des logischen Intellekts zu bekehren, erlernte er auch die arabische Sprache, gab seine Kenntnisse an junge Mönche weiter und konstruierte sogar eine »Wahrheitsmaschine«, eine Art halbmechanisches System für logische Kombinationen. Daher sehen ihn heute nicht wenige als einen mittelalterlichen Vordenker moderner Informatik. Viele seiner 260 Werke, die Denker späterer Zeiten beeinflusst haben, verfasste er nicht in der in Gelehrtenkreisen üblichen lateinischen Sprache, sondern auf Katalanisch. Damit etablierte er ganz nebenbei das Katalanische als Literatursprache, und bis heute verehrt man ihn dafür auf Mallorca als eine Symbolfigur der Unabhängigkeit. Ramon Llull starb im Jahr 1316, der Legende nach in Afrika; die Kirche sprach ihn 1847 selig, aber nie heilig.

GOTTESLOB UNTER FELSWÄNDEN UND AUF DEM GIPFEL: DER BERG VON RANDA TRÄGT GLEICH DREI HEILIGTÜMER.

Drei Kirchen und eine Vision

In seiner Tradition gründeten Patres auf dem Bergmassiv später drei Heiligtümer: Das Santuari de Nostra Senyora de la Gràcia, das aus dem 15. Jahrhundert stammt, klebt wie ein Schwalbennest in den himmelhohen gelben Felswänden. Die mittlere und ältere Ermita de Sant Honorat erhält den wenigsten Besuch, denn die meisten Ausflügler fahren auf der asphaltierten Straße von Randa gleich zum dritten Heiligtum, dem Santuari de Cura hinauf. Seine Wallfahrtskirche birgt eine steinerne Muttergottes, die bis heute viele Pilger anzieht. Im 16. Jahrhundert bestand dort oben eine Grammatikschule; seit dem Beginn des 20. Jahrhunderts leben Franziskanermönche auf dem Berg.

Vor den Gebäuden, die auch ein Restaurant und eine Herberge umfassen, genießt man eine fantastische Aussicht über 36 Städte und Orte Mallorcas, über viele Abschnitte der Küste, die gesamte Serra de Tramuntana sowie die Inseln Cabrera und Ibiza. Allerdings bestückte man das Gipfelplateau auch mit etlichen Sendeanlagen.

Die waldgrüne Nordseite des Berges blieb so unberuhrt wie zu Ramon Llulls Zeiten. So ist es nachvollziehbar, dass das nahe Städtchen Llucmajor, das über die größte Gemeindefläche Mallorcas verfügt, einst nach diesem heiligen Hain benannt wurde. Hier erlebt man Mallorcas Mitte noch in aller Stille.

Doch auch von Randa aus gibt es einen alten Aufstiegsweg weitgehend abseits der Straße: Er zweigt von der untersten S-Kurve kurz nach dem Kilometerstein 1 nach Norden ab, folgt etwa 200 Meter einem rauen Schotterweg und zieht dann rechts als steiler Pfad empor, vorbei an einer Geröllhalde. Nach gut einer Stunde Aufstieg steht man vor einer kleinen Höhle in einer Felswand, in der Ramon Llull eine Vision des gekreuzigten Christus gehabt haben soll – und damit vor dem Ursprung des gleich darüber gelegenen Heiligtums von Cura.

Fromme Herrscher, freche Hexen

Als noch einsamer erweist sich der westlich benachbarte Puig de ses Bruixes: ein Bergwinzling mit gerade einmal 358 Metern Seehöhe und eigentlich nur der südöstliche Eckpunkt des dicht mit Kiefern bewal-

GUTE NACHT AUF CURA

Sonnenuntergang und -aufgang, ergreifend schön, vorzügliche mallorquinische und mediterrane Küche, komfortable Zimmer und viel Ruhe – all das bietet eine Übernachtung oder ein längerer Aufenthalt auf dem höchsten Berg der Inselmitte. Das Restaurant und die Cafeteria sind in der ehemaligen Bibliothek und dem Speisesaal des Klosters von Cura untergebracht; man speist dort hervorragend und genießt dabei einen der schönsten Ausblicke auf die Bucht von Palma und über (fast) die ganze Insel. Man spaziert durch den zauberhaften Garten, in dem Statuen des heiligen Franziskus und des Theologen Ramon Llull stehen, hält Einkehr in der Kapelle, die auf das Jahr 1662 zurückgeht, besucht das interessante Museum im einstigen Gymnasium ... So wie hier erfühlt man die Seele Mallorcas an kaum einem anderen Ort.

WEITERE INFORMATIONEN

Santuari de Cura, Puig de Randa,
Tel. 0034 971 120260,
www.santuaridecura.com

deten Hügelzuges bis zum Puig de Caldent, der jedoch mit seiner schroffen Südflanke sehr unnahbar wirkt.

So etwas beflügelt die Fantasie. So war man sich beispielsweise bald ziemlich sicher, warum rundum alle Karren stecken blieben: Daran konnten nur Hexen schuld sein! Erblickten die einen Bauern mit seiner Fuhre, dann schwirrten sie zu Dutzenden aus, um sich auf den Wagen zu setzen – kein Wunder, dass dann weder Fluchen noch Stockhiebe für die Ochsen halfen. Die Rettung kam wie in so vielen *rondaies,* den mündlich überlieferten Märchen Mallorcas, mit König Jaume I. Er erklomm den Berg und rammte ein Kreuz in den Gipfelfelsen – von da an war Ruhe. Ganz Schlaue wollen sogar wissen, dass die *regates,* die fast vertikalen Felsrinnen in der Südflanke, auf die Räder der königlichen Kutsche zurückzuführen sind. Was muss das für eine Höllenfahrt gewesen sein!

Auf gut Glück zum Gipfel

Wer es dem legendären Herrscher gleichtun möchte und seine Schritte auf den Hexenberg lenkt, starte am besten beim Friedhof von Llucmajor. Der König hatte es natürlich einfacher, denn zu seiner Zeit gab es noch keine Wochenendhäuser am Fuß des Gipfels. Heutige Wanderer dagegen müssen erst einmal den richtigen »Einstieg« im Labyrinth der Zufahrtsstraßen und Gartenzäune finden. Der Aufstieg zum Gipfelgrat ist dann kein großes Problem. Natürlich gibt's auch über die Potada des Gegant, das Portal des Giganten, eine Sage: Ein Riese soll sich auf diesem breiten Sattel vor dem Gipfel mit einem Kollegen getroffen haben, doch statt eines netten Gesprächs stand Kampf auf der Tagesordnung. Bei einem Sturz riss einer der beiden mit der kleinen Zehe ein Stück aus dem Kamm.

Mit unversehrten Zehen schaffen vorsichtige und vollkommen schwindelfreie Bergsteiger problemlos den Übergang über die schmale Felsschneide bis zum höchsten, jedoch längst wieder kreuzlosen Punkt des Berges. Und die Aussicht lässt jubeln – über die Ebene hinaus zum Meer, über Llucmajor hinüber zum »heiligen Berg« von Randa. Dazwischen schiebt sich noch ein Hügel ins Bild: der Puig de s'Escolà, der Berg des Messdieners. Ein solcher soll den König bei seiner Hexen-Expedition begleitet haben; allerdings wählte der bequeme Mann dann einen wesentlich leichter erreichbaren Punkt, um ihn mit einem religiösen Zeichen zu krönen ...

RUND UM DEN PUIG DE SES BRUIXES (LINKS OBEN) FINDET MAN NOCH VIELE STILLE ECKEN.

MAGISCHE MOMENTE: DIE SONNE GEHT HINTER DER CALA FIGUERA AUF DER HALBINSEL FORMENTOR UNTER.

REGISTER

AUTOREN

Schon beim ersten Besuch musste **Lothar Schmidt,** der Redakteur und Reisejournalist, feststellen, dass die Mallorca-Klischees besser im Rollkoffer bleiben. Damals lebte er in der spanischen Hauptstadt Madrid und sollte für eine deutsche Wochenzeitung eine Reportage über den Winter auf der Ferieninsel schreiben. Das Ergebnis war nachhaltig: Seit diesen Wintertagen im Jahr 2003 hat er mehrere Reisebücher und viele Beiträge über die Baleareninsel verfasst. Während all der Reisen, die er seitdem nach Mallorca unternahm, hat sich die Insel ständig verändert. Vor allem wurde sie immer wieder neu entdeckt und neu erfunden: als Wanderinsel, als Ziel für Gourmets und Städtereisende, für Menschen, die sich erfahren möchten, sei es beim Pilgern oder Bouldern ... Eines ist für den Autor, der heute in Düsseldorf lebt, immer gleichgeblieben: Wenn er an Mallorca denkt, erinnert er sich zuerst an stille, schöne Wintertage.

Wolfgang Heitzmann arbeitet seit 35 Jahren an den »Schnittstellen« zwischen Erschließung und Bewahrung des Alpenraums. Als Tourismusberater und Mitbegründer von zwei Nationalparks (Kalkalpen und Gesäuse) beschäftigte sich der gebürtige Oberösterreicher schon früh mit umweltverträglicher Regionalentwicklung. Nachhaltiger Tourismus bestimmt auch seine Tätigkeit als Verlagslektor, Redakteur und Autor. In Beiträgen für diverse Medien und mit 70 Büchern, die z. T. in Übersetzungen vorliegen, porträtierte Wolfgang Heitzmann viele Bergregionen in Deutschland, Österreich, Italien und der Schweiz. Mehrere Titel (und eine eigene Website) widmete er der Insel Mallorca, die er Jahr für Jahr aufs Neue durchstreift – immer wieder erstaunt über die verborgenen Wunder des »kleinen Felsens« (sa roqueta), wie seine mallorquinischen Freunde ihre Heimat nennen (www.mallorca-erleben.info).

Peter Valentin Neumann, geb. 1951 in Burgkunstadt, Oberfranken, lebt seit 1980 als freier Journalist und Reisebuchautor in Spanien, die meiste Zeit davon auf Mallorca. Er arbeitete für Zeitungen und Magazine in Deutschland und Spanien und ist Autor mehrerer Reiseführer und Ambientebücher, viele über Mallorca und die Nachbarinseln Ibiza, Formentera und Menorca. Spezialisiert auf Agrotourismus (Finca-Urlaub) und alternative Urlaubsgestaltung. Einige Bücher sind beim Verlag Bruckmann erschienen.

IMPRESSUM/TEXT- UND BILDNACHWEIS

Verantwortlich: Linda Weidenbach, Carola Holzer
Layout und Producing: Roman Bold & Black, Köln
Lektorat: Dr. Juliane Braun
Korrektorat: Kirsten Skacel, Stefanie Hoppe
Repro: LUDWIG:media
Umschlaggestaltung: A flock of sheep Ltd., Marcus Taeschner
Kartografie: Huber-Kartografie, Heike Block
Herstellung: Bettina Schippel, Kathleen Baumann
Printed in Poland by CGS Printing

★★★★★

Sind Sie mit diesem Titel zufrieden? Dann würden wir uns über Ihre Weiterempfehlung freuen.
Erzählen Sie es im Freundeskreis, berichten Sie Ihrem Buchhändler, oder bewerten Sie bei Onlinekauf. Und wenn Sie Kritik, Korrekturen Aktualisierungen haben, freuen wir uns über Ihre Nachricht an
Bruckmann Verlag, Postfach 40 02 09, D-80702 München oder per E-Mail an lektorat@verlagshaus.de.

Unser komplettes Programm finden Sie unter www.bruckmann.de

Alle Angaben dieses Werkes wurden von den Autoren sorgfältig recherchiert und auf den neuesten Stand gebracht sowie vom Verlag geprüft. Für die Richtigkeit der Angaben kann jedoch keine Haftung übernommen werden.

Die Deutsche Nationalbibliothek verzeichnet diese Publikation in der Deutschen Nationalbibliografie; detaillierte bibliografische Daten sind im Internet über http://dnb.d-nb.de abrufbar.

4. Auflage 2025

ISBN 978-3-7343-2174-0

Textnachweis:
Lothar Schmidt: Kapitel 1–5, 7, 12, 15, 17, 19–20, 26, 28, 30, 32, 43, 45, 50, 53–54; **Wolfgang Heitzmann:** Kapitel 6, 8–10, 13–14, 16, 18, 21–25, 27, 29, 33–36, 39–40, 42, 44, 46, 49, 55–56; **Peter Valentin Neumann:** Kapitel 11, 31, 37–38, 41, 47–48, 51–52

Bildnachweis:
Umschlagvorderseite: Luftaufnahme der einsamen Bucht Cala Marmols (shutterstock); Rückseite: oben (v.l.n.r.): Altstadt von Alcúdia (Mariasokphoto/shutterstock), Bäckerei Fornet de la Soca in Palma (Holger Leue), Naturpark Llevant (Wolfgang Heitzmann), unten: Caló des Moro (pixelliebe/shutterstock); S. 1: Brunnen in einer ruhigen Nebenstraße in Palma (Bartu Juan/shutterstock); S. 2/3: Luftaufnahme der Cala Mesquida (Rocky Reborn/shutterstock)

Shutterstock: S. 4 o. (Balate Dorin), S. 4 u. li. (Magdanatka), S. 4 u. M. (Olga Yatsenko), S. 4/5 M. u. (Soravit Lertphiphat), S. 8 (FelipGV), S. 9 o. li. (Konstantin Tronin), S. 9 u. re. (Marina Kryuchina), S. 12 (Zlotnikov Andrii), S. 14 M. re. (s74), S. 15 (Renata Sedmakova), S. 21 (Miguel Guasch Fuxa), S. 25 u. li. (Olga Yatsenko), S. 28/29 (Pilguj), S. 33 M. re. (Matt Amery), S. 34 (Edda Dupree), S. 35 M. re. (Edda Dupree), S. 37 M. re. (Artesia Wells), S. 38 (1998 HewlettPackard Company), S. 39 (Ventura), S. 45 (XiscoSerrano), S. 47 o. re. (Mariontxa), S. 47 u. li. (Simon Whitfield), S. 56 (trabantos), S. 60 (vulcano), S. 65 (Reiner Conrad), S. 67 M. re. (Fanfo), S. 70 (Marina Kryuchina), S. 80 (Magdanatka), S. 82 u. li. (Yolanda Alemany), S. 83 (vulcano), S. 84/85 (Balate Dorin), S. 88 (Curtis Randle), S. 91 o. li. (Bkrzyzanek), S. 91 M. re. (RAndrei), S. 94/95 (vulcano), S. 96 (Tono Balaguer), S. 97 (Mariasokphoto), S. 100 (ShaunWilkinson), S. 104/105 (Manuel Ascanio), S. 107 (M. re. footageclips), S. 110 (Naeblys), S. 113 u. li. (trabantos), S. 116/117 (vulcano), S. 118 (Rafael MartinGaitero), S. 119 o. re. (bodnarviktor), S. 119 M. re. (Thomas Klee), S. 120 (Krystian Matkiewicz), S. 121 (pixelliebe), S. 122/123 (Jenny Sturm), S. 124 (vulcano), S. 126 (Peter J. Traub), S. 127 u. li. (Matteo Ceruti), S. 129 (Nikiforov Alexander), S. 131 o. re. (aldorado), S. 134/135 (Konstantin Tronin), S. 137 M. re. (XiscoSerrano), S. 138 (David Sandron), S. 139 o. li. (Ugo Burlin), S. 139 u. li. (Sebas Adrover), S. 140 (Megapixeles.es), S. 144 (Amazing Travels), S. 152 MEDIANA, S. 153 Rudolf Tepfenhart, S. 162 M. li. Andreas Jung

Lookphotos: S. 103 (age fotostock)

Wolfgang Heitzmann: S. 16, S. 26, S. 27 M. re., S. 35 o. re., S. 36, S. 37 u. li., S. 48, S. 49, S. 50, S. 51, S. 52, S. 53 o. re. und M. re., S. 64, S. 68, S. 69 o. li. und u. re., S. 71 M. re. und u. li., S. 72, S. 73, S. 75 o. und u. re., S. 76, S. 77 M. re. und u. li., S. 78, S. 79 o. re. & M. re., S. 86, S. 87 M. re., S. 90, S. 92, S. 93, S. 107 u. li., S. 108/109, S. 111 M .re., S. 119 u., S. 133 M. re., S. 145, S. 155, S. 160, S. 162 o. li.

Lothar Schmidt: S. 13, S. 14 o. li., S. 17 o. re. und u. li., S. 19, S. 20, S. 23 o. re. und u. re., S. 24, S. 25 o. re., S. 30, S. 31 o. re. und u. li, S. 54, S. 55 M. re., S. 61 u. li., S. 89 u. re., S. 128, S. 130, S. 131 u. li., S. 136, S. 137 o. li., S. 147 o. re. und M. re., S. 154, S. 159 o. re., S. 167 o.

Renate Gabriel: S. 167 M.

Peter Valentin Neumann: S. 167 u.

Holger Leue: S. 5 u. M., S. 5 u. re., S. 10/11, S. 18, S. 22, S 27 o. li., S. 32, S. 33 u. li., S. 40, S. 41 o. re., S. 41 u. li., S. 44, S. 46, S. 55 u. li., S. 57, S. 58/59, S. 61 o. re. und M. re., S. 62/63, S. 66, S. 67 o. li., S. 74, S. 81. S. 82 o. li., S. 87 o. re., S. 89 o. re., S. 98/99, S. 101, S. 102, S. 106, S. 111 o. re. und u. li., S. 112, S. 113 M. re., S. 114/115, S. 125, S. 127 M. re., S. 132, S. 133 o. li., S. 141, S. 142/143, S. 146, S. 148/149, S. 150/151, S. 156/ 157, S. 158, S. 159 u. li. und u. re., S. 161 o. li. und M. re., S. 163, S. 164/165